CHEO CANDELARIO

Autor del éxito en ventas
Moscas en tu casa

Restaurando
un matrimonio
a la vez

MIAMI, FLORIDA – 2017

FICHA CATALOGRÁFICA

Unidos por siempre
© Cheo Candelario
2017
ISBN 978-1542433877

Dirección y edición general:
Cheo Candelario

Si desea la presencia del pastor Cheo Candelario en su iglesia o en su empresa, por favor escriba a cheocandelario@gmail.com o llame al teléfono 786-356-0171

Asesoría editorial y corrección de estilo:
Freisman Toro

Foto carátula:
Abel Art Studi O

Diseño y diagramación:
Javier Buitrago Muñoz
javierbuitrago90@yahoo.com

Derechos reservados de autor. Hecho el depósito legal. Queda prohibida la venta y distribución de esta publicación sin autorización escrita del autor. Asímismo es prohibida la copia por cualquier medio electrónico o digital y su difusión por medio de fotocopias.

Dedicatoria

A todos aquellos matrimonios que han dado la milla extra para permanecer unidos por siempre a pesar de las tribulaciones, las dificultades y las tentaciones de la vida. Lo dedico a esas esposas que desean de todo corazón que su matrimonio sea exitoso y duradero. También a ese hombre que a pesar de las pruebas está dispuesto a sacar su familia adelante.

A aquellas mujeres y hombres que sufren en silencio, porque tal vez su matrimonio está en caos y no ven solución. Quiero que sepan que Dios está de su lado para guiarlos en la búsqueda de la felicidad que tanto desean.

No me puedo olvidar de aquellos que probablemente, al igual que yo, fracasaron en su matrimonio anterior, pero están dispuestos a aprender a ser mejores esposos y esposas para que nunca más tengan que pasar por otro fracaso.

A todos y cada uno de ustedes con mucho amor y respeto les dedico este libro Unidos por Siempre.

Contenido

Prólogo 9
Recomendaciones de unos buenos amigos 14
Capítulo 1
Constructores del amor 19
   El enamoramiento 24
   El verdadero amor 25
   Reflexiones sobre la lectura 32
Capítulo 2
Un matrimonio duradero 33
   El propósito del matrimonio 36
   El matrimonio provee una compañía 36
   La prioridad del matrimonio 39
   La permanencia del matrimonio 42
Capítulo 3
Diferencias reconciliables 45
   La educación de los hijos 52
   Terceras personas en el conflicto 53
   Reflexiones sobre la lectura 54
Capítulo 4
Egoísmo en tu matrimonio, ¿cómo superarlo? 55
   Estar disponible a ser el último 57
   Los efectos del egoísmo en ti, en tu matrimonio
   y en tu familia 61
   Señales de egoísmo en el matrimonio 61

7

¿Cómo dejamos de ser egoístas con nuestra pareja? 62
Nadie puede cambiar a nadie 62
Cómo conquistar el egoísmo en el matrimonio 62

Capítulo 5
La economía es de los dos 65
Manejo de bienes económicos 70

Capítulo 6
La bendición de la sexualidad 77
Conflictos en la intimidad 84
El amor no entra por la cocina 86
Reflexiones sobre la lectura 88

Capítulo 7
TTT: Tiempo de terminar con el teléfono
y la tecnología en casa 89
La buena conectividad 94
La mala distracción 95
La tentación fea 96
¿Estás casado con tu teléfono? 97
Conectados 24/7 100
Remplazando la conversación con la conexión 102
Reglas del hogar 103
Ama a quien tienes a tu lado 105

Capítulo 8
Soñar y construir juntos 107
Cuidado con las apariencias 112
Vale más lo espiritual y emocional que lo material 115

Capítulo 9
El poder del perdón 119
1. Crea y saca tiempo de pareja 123
2. Conéctate con tu amor 124
3. Exprese su dolor 124
4. Sé un perdonador 124
5. Exprese y reconozca 124
Razones para perdonar en el matrimonio 126

Prólogo

Para estar unidos por siempre los matrimonios deben superar etapas a veces muy duras. El enamoramiento con el que se arranca no es amor, el amor se construye y se descubre, y una vez aparecen señales y desafíos es cuando el sentimiento del amor se pone a prueba. Sobre la base de entendernos, de conocernos, de tener sintonía en la intimidad, en la amistad y de coincidir en los proyectos de vida y en el amor a Dios, es donde construimos un matrimonio duradero y feliz.

Sin embargo, el camino a esa felicidad está atravesado por problemas familiares, financieros, sexuales, espirituales y de otra índole. Ninguna pareja está exenta de estas situaciones, pero existen herramientas para salvar un matrimonio de cualquiera de estas dificultades de la vida. Hay muchas personas, situaciones, enemigos, la misma sociedad, que quieren acabar con el vínculo del matrimonio como si se tratara de un juego, pero debemos persistir.

Por eso este libro surgió de la necesidad de plantearnos varias preguntas, una de ellas: ¿cómo es que nos enamoramos y de qué manera podemos mantener unido el matrimonio? El propósito de este libro es ayudar a aquellas parejas que quieren reafirmar su amor, como también a las que están pasando por momentos difíciles. Les enseñamos a cómo trabajar juntos para poder tener un matrimonio feliz. Es darse cuenta que este libro ha sido basado en nuestras experiencias y las experiencias de otros, que igual necesitaron apoyo en algún momento de su matrimonio. Aquí explicamos nuestros momentos de dolor, de tribulación y escasez de sabiduría. Situaciones que nos llevaron al fracaso y no tuvimos la bendición de recibir ayuda de nada ni de nadie. Por tal razón mi esposo y yo nos hemos dado a la tarea de trabajar juntos para que ya no haya más discordia, más peleas, divorcios y que al final de este manual ustedes tengan un matrimonio feliz y por consecuencia una vida con mejor calidad y una familia plena y llena del amor de Dios.

Conozco a Cheo desde los 11 años de edad, pero por razones de la vida nos dejamos de ver por 17 años, y cuando nos reencontramos ya él había pasado por una separación muy dolorosa, y yo estaba atravesando por un camino muy amargo en mi matrimonio anterior. Dios utilizó a Cheo como herramienta para ayudarme a entender que siempre hay una solución. En ese momento ya estaba divorciada y no podía volver atrás, pero comencé a entender que Dios tenía un propósito conmigo y que necesitaba aprender a perdonar para poder seguir adelante con mi vida.

Y además Dios tenía otros planes: dos años después el Señor permitió que Cheo y yo uniéramos nuestras vidas para así poder ayudar a todos aquellos que estuvieran pasando por momentos difíciles en sus matrimonios, igual que nosotros alguna vez los tuvimos, con la diferencia de que hemos hecho todo lo posible para ayudar a que los matrimonios sean exitosos. A partir de ese momento nos hemos dedicado a bendecir a las familias.

Cuando mi esposo Cheo me pidió que escribiera para el libro me sentí muy emocionada. Una gran alegría embargó mi corazón porque sé lo importante que es, tanto para él como para mí. El regocijo que se siente cuando terminas una conferencia de matrimonios o haces el discipulado para esposos y vez el cambio entre parejas es increíble. Puedes observar el amor que se sienten el uno por el otro y ver cómo Dios nos utiliza para llevar su palabra, su mensaje y así poder orientar a los matrimonios para llevar una vida de alegría, felicidad y amor.

Es esa satisfacción de ver que no todo está perdido y que Dios nos da esperanza y favor para reencontrar el amor, la que nos anima a trabajar cada día. Poder orientar para que busquen una segunda oportunidad de demostrar que cuando dijimos, en las buenas y malas, en la salud y en la enfermedad, es realmente hasta que la muerte nos separe.

A lo largo de sus años como pastor, conferencista, escritor, esposo y padre, Cheo ha encontrado respuestas a estos cuestionamientos en su andar con Dios. Este libro es un discipulado para matrimonios dispuestos a ir más allá, matrimonios decididos a desafiarse.

En cada capítulo usted será confrontado y quizás lo mismo que le ha ocurrido o que le pasó sea tratado en este libro. Encontrará planteamientos, testimonios, puntos de vista, pero ante todo hallará la única respuesta verdadera: la que proviene de la palabra de Dios. Acertadamente, Cheo lleva al lector a través de conceptos y situaciones que se aterrizan en las Escrituras con el fin de buscar la solución que proviene de Dios.

Unidos por siempre es un libro lo suficientemente corto para atrapar al lector y lo suficientemente extenso para enriquecernos con el tratamiento que se le da al tema. Los matrimonios deben hacer todo lo posible por no apagarse, por perdurar, por cumplir con el cometido que el Señor les dio, y deben buscar a como dé lugar la solución a los desafíos del mundo actual.

Esperamos que cada capítulo les enriquezca grandemente a través del estudio minucioso y disciplinado, que las lecciones de este libro alimenten cada día más sus vidas y tengamos matrimonios bendecidos y dispuestos a servirle al señor Jesucristo. Unidos por siempre será una bendición para los lectores y desde lo más profundo de mi corazón les bendigo en el nombre de Jesús, exhortándoles a amar con todas las fuerzas de sus corazones y a luchar por la familia que Dios ha escogido para ustedes.

SANTY CANDELARIO

Recomendaciones de unos buenos amigos

Hemos tenido la oportunidad de contar con la amistad de Cheo y Santy Candelario a través de los años, y una de las cosas que se hace evidente en sus vidas es la pasión por ver matrimonios restaurados, fortalecidos y sanados. Aparte del propio testimonio que sus vidas reflejan, el Señor les ha concedido una gracia especial para que, a través de sus conferencias, seminarios y materiales escritos, puedan impactar a muchas familias transmitiendo el amor, la gracia y el perdón de Dios. Hemos sido testigos de un sinnúmero de testimonios maravillosos que suceden en las vidas de las personas de cada lugar donde ellos van.

Para nosotros es un gran privilegio contar con su amistad, entendiendo que son una pareja especial, que el Señor ha levantado en esta generación para manifestar la plenitud de su bendición en el núcleo familiar.

Pastores Dan y Yessenia Bernal
Ministerio Casa de Poder Pembroke Pines

Conozco a Cheo desde el 1992, cuando ambos estábamos en la misma iglesia y el mismo grupo de jóvenes en la ciudad de Chicago. Inmediatamente hicimos una buena amistad que ha crecido a través de los años. Durante nuestro periodo de juventud viajamos a las naciones juntos predicando y llevando el mensaje de Jesús. Como un verdadero amigo he podido ver a Cheo pasar por momentos difíciles y momentos de victoria en los cuales siempre lo he visto con una fe indestructible que ha producido grandes victorias. En lo personal Cheo y Santy son excelentes amigos para mi esposa y para mí por lo cual estoy seguro que su vida, ministerio y libros serán de bendición para ustedes también.

Pastores Danny y Chiara Seguí
Maranatha Revival Church
Newark, Delaware

Hemos sido amigos con el evangelista Cheo Candelario por muchos años y no podría estar más que bendecido de ver cómo Dios, a través de los años, lo ha dimensionado en este santo llamamiento.

Admiramos el corazón que él tiene por la restauración de la familia, por la gente, y por su compromiso con el Señor para anunciar el Evangelio de Cristo, y ver como el poder de Dios es manifestado en sus conferencias, trayendo salvación a muchas almas que han pasado a ser parte de la familia de Cristo.

Estoy orgulloso de ser un amigo cercano de este extraordinario hombre de fe e integridad y de ser un ejemplo vivo en un mundo tan necesitado de oír la palabra de Dios vivida y experimentada con demostraciones del Poder de Dios en sanidades, milagros y prodigios.

Mi querido amigo y co-siervo Cheo, con su ejemplo toca las almas y ha hecho que la fe de muchos hombres y mujeres alrededor del mundo sea avivada, pues él es una fuente de inspiración de parte de Dios para todo el que está en el Reino de Dios.

Te exhorto a que leas este libro y dejes que la voz del Espíritu Santo transforme y cambie lo que por tu propia cuenta no has podido lograr.

Pastor Pedro y Mayra Enamorado
Ministerios Río de Dios
Hallandale, Florida

Cheo y Santy: Le damos gracias a Dios por sus vidas, ustedes son una pareja probada y aprobada por el Señor. En medio de tantas vicisitudes, hemos visto que han podido salir adelante, además de dejar impreso en los corazones de muchas personas huellas de amor.

Ustedes son un regalo para el cuerpo de Cristo y su compromiso con el Reino dejará un legado a las próximas generaciones. Les amamos mucho.

José y Lucy Bonfante
Iglesia Roca de Salvación
Jacksonville, Florida.

Podría decir muchas cosas sobre mi amigo y compañero de trabajo en la fe. Sin embargo, me enfocaré en las cosas que él hace para el Reino. Durante algunos de esos años que lo conozco he sido su pastor y he visto su progreso como individuo y a nivel familiar. Puedo decir que verdaderamente práctica lo que predica y enseña en referencia a la familia, las relaciones y la verdad de la Palabra.

A través de los muchos cambios y desafíos de los tiempos en que vivimos, la Palabra y el mensaje de este hombre de Dios han permanecido relevantes en la gente que ministra por medio del ministerio que Dios le ha dado. He sido testigo de los cambios en las vidas a través del mensaje que Dios le dio a Cheo. En ocasiones he sido su traductor del español al inglés y he visto a muchos ser restaurados al instante. He podido ver a hombres y mujeres, cuyas familias nunca los han visto llorar o pedir perdón, ser quebrantados y ser transformados por el poder del Espíritu Santo. Es maravilloso ser testigo y parte de esto. Una vez más le doy gracias al Señor por ser parte de la vida de este hombre.

Podría decir mucho más, pero usted debe estar presente para ver lo que Dios está haciendo.

Sé bendecido para bendecir.

Pastores Albert (Tito) y Dinorah Rodríguez
In One Accord Ministries
Davie, Florida

Capítulo 1
Constructores del amor

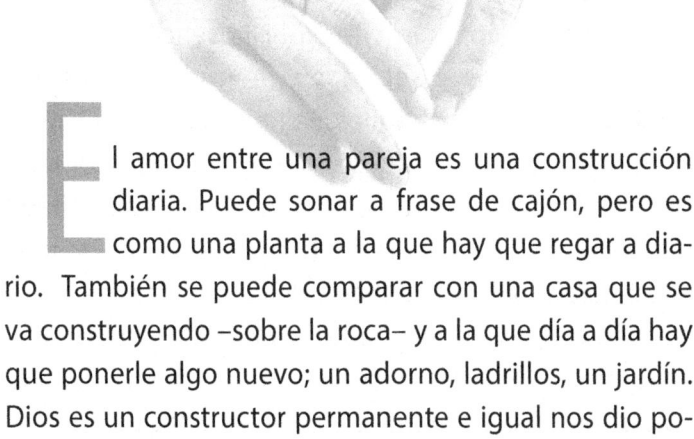

E l amor entre una pareja es una construcción diaria. Puede sonar a frase de cajón, pero es como una planta a la que hay que regar a diario. También se puede comparar con una casa que se va construyendo –sobre la roca– y a la que día a día hay que ponerle algo nuevo; un adorno, ladrillos, un jardín.

Dios es un constructor permanente e igual nos dio poder para hacerlo, de tal manera que todos los días construimos algo en nuestra vida. Es así como la relación de pareja es algo en "obra permanente".

A través del tiempo eso que edificamos terminará siendo sólido, pero se requiere de mucha paciencia, amor y comprensión, al igual que se necesita tener a Jesucristo en el centro de esa relación para que con el tiempo de frutos.

Por esa razón es que hay una gran diferencia entre el enamoramiento y el pasar toda la vida en pareja. El verdadero amor pasará obligatoriamente por diferentes épocas o etapas y tendrá que sobrevivir a muchas dificultades que trae la convivencia.

> ⁶ *El amor no se deleita en la maldad, sino que se regocija con la verdad.* ⁷ *Todo lo disculpa, todo lo cree, todo lo espera, todo lo soporta.*
>
> 1 Corintios 6–7.

Sin embargo, el amor en el matrimonio contemporáneo siempre anda en crisis, por la sencilla razón de que los valores de la sociedad y de los individuos han cambiado y son muy frágiles. Se ha dejado de construir el amor con valores sólidos y se ha cambiado por relaciones vacías y superficiales. El amor desechable, frágil e inconstante no es de Dios. El Señor desea que ambos en un matrimonio dispongan a diario su corazón y le entreguen todas sus dificultades, y para ello nos da unas herramientas eficaces para combatir las diferencias y la apatía que a veces se presentan en algunas parejas, las cuales podemos tomar para triunfar poderosamente.

Si nos dejamos influenciar por la sociedad actual, es probable que terminemos equivocadamente involucrándonos con tendencias que no son las adecuadas y que son perjudiciales para nuestro crecimiento personal y en pareja.

Ahora bien, si la crisis en el matrimonio es muy fuerte y parece irreconciliable, se puede acudir a una consejería en la iglesia, a un consejero matrimonial y hasta a un terapeuta de familia, teniendo en cuenta que la solución al problema solamente depende de un compromiso entre ambos y la decisión de querer cambiar y crecer en el matrimonio.

Retomando el tema de la falta de valores en nuestra sociedad, es preciso recalcar que es por esa causa que muchas personas pierden el sentido de la vida y, cuando deciden tener una relación de pareja, se les hace muy complicado o difícil entender lo que significa el amor. Al no comprender lo que es el amor verdadero, se les hace imposible brindarlo a quien no conocen, y casi nunca logran aprender por sí solos a dar y recibir amor. Pero hay que entender que este bello sentimiento es algo que podemos aprender a dar y a recibir, aunque se necesita mucho esfuerzo y sacrificio.

Construir un amor verdadero y perdurable solo se logra si ponemos todo ante Dios. Herir al conyugue, una de las cosas que más debilita una relación, se puede evitar si sometemos todo orgullo personal, todo levantamiento de la carne y todo egocentrismo al poder de Dios. Gálatas 5 19-26 nos muestra que entre las obras de la naturaleza pecaminosa existen varias con las que comúnmente hacemos daño en nuestra relación de pareja como los celos, los arrebatos de ira, la inmoralidad sexual y las rivalidades.

Sin embargo, el Señor siempre tiene promesas para quienes tienen fe, obedecen y perseveran, de tal manera que les ofrece los frutos del Espíritu, entre los que se encuentran grandes bendiciones para los matrimonios como el amor, el gozo, la paz, la paciencia, la bondad, la fe y la mansedumbre entre otros. Los invito a que estudien con frecuencia estos versículos en pareja y, como ejercicio, se digan el uno al otro qué frutos del Espíritu están produciéndose en su matrimonio.

El enamoramiento

Estar enamorado es algo maravilloso, pero hay que luchar para convertirlo en amor. Me explico: todos sabemos lo bonito que es al principio el enamoramiento, pero lo que realmente importa es construir un amor que perdure. El enamoramiento, aunque es algo estupendo, no es lo mismo que el amor.

El enamoramiento es un estado emocional que nos hace felices y al que se llega después de varias etapas: atracción física, interés intelectual, seducción y el compartir momentos simples y cotidianos de la vida. Nos lleva a descubrir una pareja que sea capaz de entendernos y de compartir las cosas más bellas del mundo a nuestro lado. Creo que es un estado de ánimo que altera la conciencia y nos lleva a perder el control de lo que pensamos y hacemos, claro está, dentro de la obediencia en Cristo Jesús.

Enamorarse es un proceso muy difícil de entender, pero es un sentimiento muy fácil de sentir. En realidad, es solo una pequeña etapa de la fantasía del enamoramiento que por más lindo y maravilloso que se sienta, es muy frágil y de muy corta duración. Es semejante a los globos en las fiestas de boda que son muy hermosos y decoran el ambiente, pero que por cualquier cosa insignificante se desinflan y muchas veces cuando revientan pueden llegar a asustarnos.

Cuando estamos en este proceso todo es bonito. Parece que nuestra pareja es perfecta y la más extraordinaria del mundo, pero es la aceptación de esa persona tal y como es con sus virtudes y defectos la que hace que ese entusiasmo inicial se trasforme en amor perdurable y sincero. Podemos conducirnos hacia el amor en medio del flechazo inicial si aprendemos a entender a la otra persona y a tratarla con el mismo amor con el que Dios nos trata.

El enamoramiento no es lo mismo que el amor, pero es la puerta por la que se entra.

Lamentablemente algunas personas que son 'adictas' a estar enamoradas, terminan sus relaciones cuando de repente conocen a alguien, y comienzan de nuevo este proceso de enamoramiento, lo que los lleva a cometer grandes errores con consecuencias nefastas para sus vidas.

El verdadero amor

El verdadero amor entre una pareja se construye, se lucha y se alcanza a través de una relación estrecha con Dios. También pasa por varias etapas; la primera de ellas es que una vez que comienzas a ver los defectos de tu pareja y a darte cuenta que esa persona no es tan perfecta como creías, inicia ese firme sentimiento. El amor es sólido y fuerte como una roca, el enamoramiento es débil y movedizo.

Ponme como un sello sobre tu corazón, como una marca sobre tu brazo; Porque fuerte es como la muerte el amor; Duros como el Seol los celos; Sus brasas, brasas de fuego, fuerte llama. Las muchas aguas no podrán apagar el amor, Ni lo ahogarán los ríos. Si diese el hombre todos los bienes de su casa por este amor, De cierto lo menospreciarían.

CANTAR DE LOS CANTARES *8:6–7*

El amor está basado en la realidad, no en la fantasía de encontrar un príncipe azul o una cenicienta perdida. De ahí la importancia de centrarse en el entorno, de conocer en qué terreno estamos pisando. Cuando una persona analiza su entorno, sabe qué es lo que debe hacer, descifra a esa otra persona, la conoce, la acepta y la recibe. La ve con los ojos de la verdad, con realidad y no con emociones. Las emociones nos pueden engañar a la hora de buscar la verdad en el amor, nos alejan de un análisis real.

El amar nos exige conocer a nuestra pareja, exige tiempo, también nos pide reconocer nuestros propios defectos y los de la persona a la que amamos. El amor nos exige ver lo bueno y lo malo de la otra persona. Bajo ninguna circunstancia quiero decir que estar enamorado es malo, por el contrario, creo que es una de las cosas más maravillosas que le pueden suceder al ser humano. Sin embargo, el enamoramiento no dura para siempre, solo el verdadero amor podrá perdurar y sobrellevar las dificultades y problemas que trae la vida.

Este tema de la construcción del amor se me ocurrió un día, estando sentado en un restaurante compartiendo con una pareja a la cual amo y admiro mucho. Recuerdo que mientras conversábamos de nuestras experiencias matrimoniales la esposa de mi amigo comenzó a quejarse de que su esposo era un buen hombre, pero nunca tenía tiempo para compartir con ella. Supe algo muy íntimo de ambos, pero bastante triste. Supe que ella solo era buscada para tener intimidad sexual, pero nunca había un tiempo en el cual como pareja construyeran una relación sólida. Ese día el esposo estaba muy sorprendido al escuchar cómo su esposa compartía su frustración y dolor, pues, aunque tenía un buen compañero, éste nunca pasaba tiempo de calidad con ella, ni tampoco era una persona romántica y mucho menos detallista. Después de un tiempo de hablar le pregunté al esposo que si tenía algo qué decir al respecto y con lágrimas y con una ternura que nunca había demostrado mirando a su esposa le dijo: "Mi amor solo te pido que me enseñes a hacer como tú quieres pues yo no sé cómo hacerlo".

En el momento no entendí lo que el esposo estaba diciendo, pero en sus próximas palabras logré comprender lo que estaba hablando. Él le dijo que recordara que nunca había tenido el ejemplo de un padre que le enseñara a ser romántico. No tuvo las herramientas necesarias, el conocimiento ni la oportunidad de comprender y aprender cuán importante es el arte del amor y qué tan necesario es mantener la llama del amor encendida, aun cuando pasen los años.

Aquel día logré entender que cada matrimonio debe llevar un letrero que diga: "Estamos en construcción", ya que todos los días debemos aprender cómo amar a nuestra pareja con más fuerza, ternura y fidelidad. Debemos aprender que todos los días son una aventura más, es una oportunidad que tenemos para demostrar nuestro amor.

Es una realidad, que la gran mayoría de personas, no tienen ningún problema en enamorarse el uno del otro. Pero también un alto porcentaje de esas parejas tienen problemas para permanecer enamorados y, al no saber cómo mantenerlo, comienzan los problemas matrimoniales y las situaciones difíciles. Por lo tanto, el secreto para que una pareja se mantenga enamorada, está en una palabra que, aunque parece simple es muy complicada, pero contiene un profundo significado: intimidad.

¿Qué significa esta palabra tan usada en nuestro mundo moderno? En nuestra sociedad la palabra como tal significa la preservación del sujeto y sus actos del resto de seres humanos. La palabra intimidad viene de un término latín Intimus que significa lo "más profundo". Este significado describe que una relación de pareja debiera ser lo más privada y personal posible. Intimidad también puede significar que ambas personas estén siempre alertas a proveer sentimientos y buscar el bienestar de su pareja.

La realidad es que para lograr tener esta intimidad el uno con el otro es necesario construirlo con tiempo y con mucho esfuerzo.

Tener intimidad con tu pareja es como tener un rompeolas en la playa. Nos da la protección de los conflictos y tensiones que la vida nos puede traer. Cuando no tenemos esta intimidad tendemos a tener un sentimiento de soledad y hasta llegar a la depresión. Así como el rompeolas impide que las olas impetuosas logren penetrar y hacer daño en la costa, lo mismo le sucede a un matrimonio que logra obtener una preciosa y reconfortante experiencia llamada intimidad.

Más valen dos que uno, porque obtienen más fruto de su esfuerzo. Si caen, el uno levanta al otro. ¡Ay del que cae y no tiene quien lo levante! Si dos se acuestan juntos, entrarán en calor; uno solo ¿cómo va a calentarse? Uno solo puede ser vencido, pero dos pueden resistir. ¡La cuerda de tres hilos no se rompe fácilmente!

ECLESIASTÉS 4:9

El término "intimidad matrimonial" es comúnmente usado para describir el acto sexual de una pareja. Sin embargo, la intimidad matrimonial va más allá de solo un acto sexual. En el libro de Eclesiastés 4:9 se nos da una referencia de dos personas que se calientan el uno al otro al acostarse en la misma cama. Este pasaje bíblico también nos da una imagen de un cordón que se compone de tres dobleces para simbolizar esa intimidad que existe en un matrimonio que está siendo dirigido por Dios.

En estos versículos podemos ver que, aunque la intimidad matrimonial consiste en una conexión física, también conlleva otros ingredientes igual de necesarios que lo físico. La intimidad matrimonial consiste en una conexión profunda entre una pareja que incluye tres áreas: emocional, espiritual y física.

Si en realidad esto de la intimidad matrimonial es tan gratificante y tan profundo, entonces ¿quién no quisiera poder experimentarla en su matrimonio? La gran pregunta es: ¿qué tengo que hacer para poder llegar a ella?

Creo que esa intimidad se logra en un matrimonio cuando la pareja consigue aprender a compartir y a conectarse con las tres áreas descritas anteriormente, ya que Dios diseñó a la humanidad de una manera única, y cada individuo va a experimentar esta intimidad en cada área de una manera diferente. Por ejemplo, las necesidades de las esposas son más en las emociones y las del esposo más en lo físico.

La esposa va experimentar la conexión íntima más intensa con su esposo a través de las expresiones emocionales. Mientras tanto, el esposo logra experimentar esa misma conexión intima a través de una interacción con su cónyuge un poco más física que emocional (aunque también hay excepciones a esta expresión). También creo que es responsabilidad de ambos comprometerse e involucrarse el uno con el otro para llegar a un balance y alcanzar esta cercanía de intimidad tanto en lo emocional, en lo físico y en lo espiritual.

Además del aspecto emocional y del físico, cada individuo fue creado para tener una intimidad espiritual. Es el deseo de Dios a través de la creación, que cada uno de nosotros podamos tener esa experiencia espiritual. En el libro de Génesis vemos que Dios se manifiesta a la humanidad como creador del universo y de la humanidad. Pero en el mismo libro encontramos cómo Dios también se manifiesta diciendo que nos hizo a su imagen y semejanza. Esto nos da a entender que tenemos un espíritu dado para comunicarnos con el Creador. Por tal razón nuestro Padre Eterno también quiere que juntemos nuestros espíritus en el contrato matrimonial.

¿Cómo logramos alcanzar esa intimidad espiritual? Lo primero que debemos hacer es reconocer a Dios como nuestro creador y a Jesús como nuestro Salvador, y que Dios diseñó una vida espiritual para que nosotros la experimentemos. Una vez que reconocemos a Dios y lo aceptamos en nuestro corazón, nos disponemos a compartir nuestra vida espiritual con la hermosa pareja con la que hayamos sido bendecidos.

Reflexiones sobre la lectura

Capítulo 2
Un matrimonio duradero

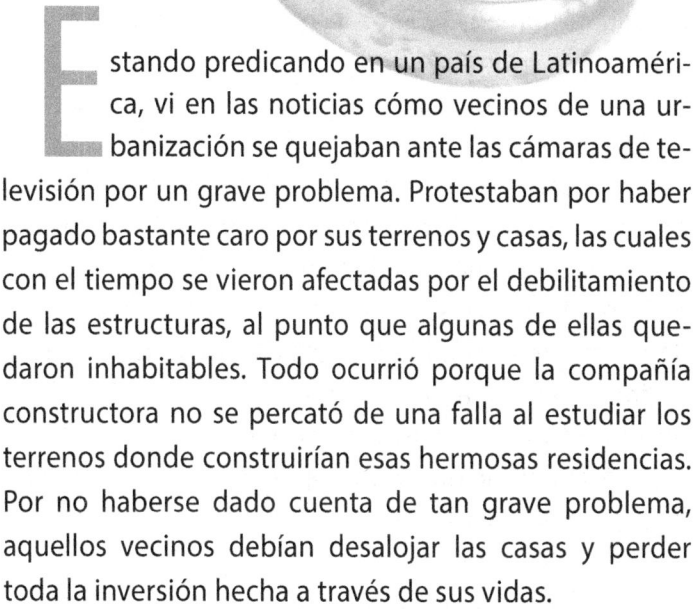

Estando predicando en un país de Latinoamérica, vi en las noticias cómo vecinos de una urbanización se quejaban ante las cámaras de televisión por un grave problema. Protestaban por haber pagado bastante caro por sus terrenos y casas, las cuales con el tiempo se vieron afectadas por el debilitamiento de las estructuras, al punto que algunas de ellas quedaron inhabitables. Todo ocurrió porque la compañía constructora no se percató de una falla al estudiar los terrenos donde construirían esas hermosas residencias. Por no haberse dado cuenta de tan grave problema, aquellos vecinos debían desalojar las casas y perder toda la inversión hecha a través de sus vidas.

Esto mismo le puede suceder hoy a nuestro matrimonio si no es construido en una fundación sólida y en un terreno estable. Gracias a Dios la Biblia describe muy profundamente los fundamentos del matrimonio en Génesis 2:18-25. En estos versículos encontramos cuatro principios revelados sobre cómo podemos construir un matrimonio duradero. Si quieres una unión perdurable entonces necesitas reconocer estos cuatro principios:

El propósito del matrimonio

No es bueno que el hombre esté solo. El matrimonio se trata de dos. También debemos saber que el matrimonio provee compañía. ¿Cómo es eso? Adán estaba acompañado de animales, además tenía a Dios, pero algo le estaba faltando. No estaba acompañado de una intimidad humana, y Dios lo había diseñado para que tuviese esa intimidad. Solo un miembro de su misma raza y del sexo opuesto podía suplir esa necesidad.

Dios nos diseñó a todos de la misma manera. Es por eso que somos atraídos por el sexo opuesto y todos deseamos tener esa compañía humana. Por lo tanto, el matrimonio es una idea de Dios para la felicidad del ser humano. Si intentas llenar tus instintos naturales fuera de ese parámetro dado por Dios, llamado matrimonio, podrás caer en adulterio, pornografía, fornicación y otros pecados sexuales, con los cuales solo encontrarás miseria y un vacío que únicamente lo llenarás cumpliendo el plan de Dios, llamado matrimonio.

El matrimonio provee una compañía

La unión marital trae consigo el poder tener a nuestro lado a una persona maravillosa con la cual podamos compartir todo. De hecho, la amistad. Mi esposa debe ser mi mejor amiga y yo debo ser el mejor amigo de ella. ¿Qué hacen los mejores amigos? Bueno ellos comparten sus hobbies, sus secretos, sus sueños, sus necesidades, su tiempo, etc. Además de eso los amigos juegan juntos, se ríen y hasta lloran.

¡Maridos y esposas!: si tu pareja no es tu mejor amigo(a) entonces estás faltando al propósito del matrimonio. Si deseas un matrimonio feliz y duradero es necesario ser los mejores amigos.

Igualmente, la compañía que provee el matrimonio es un regalo de Dios para nuestras vidas. Podemos darnos fuerzas mutuamente, como dice Eclesiastés 4:9 "Más valen dos que uno, porque obtienen más fruto de su esfuerzo", y de esta manera tener éxito en diferentes proyectos que se trazan en el matrimonio.

Ahora bien, el matrimonio me da compañía y esta compañía debe ser de gran ayuda. Genesis 2:18 *"Luego Dios dijo: No está bien que el hombre esté solo. Voy a hacerle alguien que lo acompañe y lo ayude".* En este versículo vemos cómo Dios diseñó el matrimonio para que sea de acompañamiento y de ayuda mutua. De esa manera Eva vino a complementar la vida de Adán.

Sin embargo, los hombres y las mujeres son muy diferentes. Piensan distinto, ellos prácticos, ellas emocionales, ellos afanados, ellas más pausadas; los gustos son opuestos en ocasiones y la fuerza física de cada uno es diferente. Pero aun con esas diferencias, Dios tuvo un propósito, precisamente, para hacernos complemento los unos a los otros. Hombre y mujer son unidos por Dios para acompañarse, apoyarse, amarse, reproducirse y complementarse en todo.

Déjenme explicar esto de otra manera. ¿Usted ha escuchado alguna vez el dicho que dice: "polos opuestos se atraen"? ¡Eso es bueno! ¿Por qué? Porque pese a las diferencias un hombre y una mujer pueden ayudarse mutuamente para expandir sus intereses, para desarrollar su carácter y a hacer balances en sus propias vidas. Por ejemplo, Santi y yo somos semejantes en algunas cosas, pero muy opuestos en otras. No fue sino hasta seis meses después de casados que nos dimos cuenta cuán diferente somos el uno del otro.

Pero también descubrimos que esas diferencias nos complementaban. Santy es organizada, yo no, entonces ella me ha ayudado a mejorar en ese aspecto. Ella es metódica, yo espontáneo, y la he ayudado a salir de algunos métodos y a permitir la espontaneidad en su vida. Mi esposa es meticulosa y yo soy un poco más dejado, así que ella me ayuda a ser más minucioso. Yo me enojaba muy rápido, pero ella es paciente y me dio la mano para ser un poco más sosegado. En fin, somos muy diferentes, pero hemos logrado que nuestras diferencias nos complementen y entendimos que somos mejores personas por nuestras diferencias.

"Pero Pastor Cheo, nosotros no tenemos nada en común", dirán algunos de ustedes. Déjenme decirles que sus diferencias van a forzarles a hacer una de dos cosas: o ambos vivirán peleando como perros y gatos por rehusarse a cambiar, o van a expandirse y a crecer como individuos si ambos se humillan y usan sus diferencias para complementarse el uno al otro. Créanme que es muy fácil pelear como perros y gatos, pero es mucho más difícil, aunque beneficioso, humillarse y cambiar para el bienestar común.

Espero que no malinterpreten lo que estoy tratando de decir. No estoy diciendo que deben fastidiar o molestar a su pareja para convertirla en otra persona. Simplemente estoy diciendo que tanto el esposo como la esposa deben complementarse el uno al otro y eso hace que construyan en las fortalezas y debilidades de cada uno.

El matrimonio nos provee una maravillosa compañía que hace que la vida sea completa. Creo que es el propósito de esta unión. Entonces, ¿por qué tantas parejas de casados viven una vida miserable? Pienso que no han entendido el propósito de Dios en su matrimonio. Algunos ven su casamiento como un negocio o estrictamente como un compañerismo sexual. Pero la Biblia nos enseña que el matrimonio es mucho más que eso: es la unión de hombre y mujer por el resto de la vida, los cuales se aman y se complementan.

Si queremos construir un matrimonio duradero, entonces apliquemos estos principios. Sean los mejores amigos y construyan en las fortalezas de cada uno.

La prioridad del matrimonio

"Por tanto, dejará el hombre a su padre y a su madre, y se unirá a su mujer, y serán una sola carne".

GÉNESIS 2:24.

En este versículo vemos un secreto a voces: "dejará a padre y madre". Lo que Dios nos está diciendo es que la relación de esposo y esposa es más importante que la relación de padre a hijo.

En cierta ocasión un diácono de una iglesia se enteró que su propio hijo abusó verbalmente de su madre. Cuando éste llegó a su casa, con mucha paciencia sentó a su hijo y le dijo: "Has pecado contra Dios, pero no solamente pecaste contra Dios, sino que pecaste contra tu madre. Además, pecaste contra mi esposa. Y quiero que sepas algo hijo mío: NADIE LE HABLA ASÍ A MI ESPOSA".

En otras palabras, este diácono sabía que su esposa era la prioridad en este incidente con su hijo y la defendió. Si fuésemos a poner en orden de prioridades nuestras relaciones, debieran estar de la siguiente manera: Dios, tu pareja y luego tus hijos.

Esto no significa que Dios quiera que deshonremos a nuestros padres cuando nos casemos o que entremos en conflictos con nuestros hijos. En realidad, desea que los honremos hasta el último día de su existencia.

Pero el Señor lo que nos manda a hacer en realidad, en el caso de los padres, es a romper el cordón umbilical que nos une a ellos. Hay que romper ese cordón que una vez nos proveyó seguridad, protección, asistencia financiera y hasta suplió nuestras necesidades. Al no romper nosotros con esta unión, causará que nuestro matrimonio colapse.

Conozco muy de cerca una familia donde por tradición las madres eran tan sobreprotectoras que pensaban que, aunque sus hijas se casaban, ellas seguían siendo "tan sagradas", incluso causando que sus hijas echaran a un lado a sus esposos. Por varias generaciones se les enseñó a las jóvenes de esta familia que por encima de cualquier relación que ellas tuvieran estaba la madre, y que, si había que decidir entre mamá y matrimonio, sin pensarlo debían escoger a la progenitora.

De lo que esas madres no se dieron cuenta fue del caos que estaban formando en sus generaciones. La abuela tuvo que vivir un secreto ya que su esposo no aguantó y le fue infiel toda la vida. La hija, aunque nunca se divorció, también hizo que su esposo fuera infeliz y las nietas terminaron en divorcio. Así que el matrimonio necesita cortar el cordón umbilical. Nuestro trabajo como padres es criar a nuestros hijos para que lleguen a un punto en sus vidas en que no nos necesiten más. Nuestro objetivo debe ser quedarnos sin el trabajo de padres, sin perder la relación con nuestros hijos. De esta manera cuando llegue el día en que se casen asegúrese que cortar el cordón. Además, al casarse nuestros hijos no estamos perdiéndolos, sino ganando uno.

Escuché la historia de una madre y un padre que entregaron a su preciosa hija en matrimonio. Después de la luna de miel la joven y su esposo se mudaron fuera del estado donde vivían sus padres. Varias semanas después, el teléfono sonó y la madre contestó: era su hija. Estaba llorando porque había tenido su primera pelea como esposa. La hija pidió hablar con su padre. El papá tomó la llamada y fue a otra habitación para poder dialogar tranquilo con ella. Después de diez minutos de conversación regresó a la habitación en la que estaba su esposa.

–¿Qué te dijo la niña? –preguntó la mujer–.

El padre le respondió
–Ella y su esposo tuvieron una discusión fuerte y se quiere regresar a casa–.
La madre, un poco preocupada, indagó a su esposo de nuevo.
–¿Y qué le dijiste?–, el padre la miró y le respondió –Le dije: hija, ya estás en tu casa, no tienes por qué venir a la mía.
En realidad, en ese momento, aquel padre reconoció la necesidad de cortar con el cordón que se dilató el día que ella dijo en el altar; "Si, acepto".
Padres, ustedes necesitan dejar ir a sus hijos. Esposos y esposas: ustedes necesitan desatarse del cordón. Su casamiento es mucho más importante que la relación con sus respectivos padres. Esto no significa que usted no pueda pedirles un consejo o que no pueda pasar tiempo con ellos y hacer cosas con ellos. Pero sus padres no pueden ser número uno en lo que a relaciones humanas se refiere. Tu pareja es número uno y tus padres han bajado uno o dos escalones. Entonces comencemos reconociendo la prioridad del matrimonio, poniendo a Dios primero, a tu pareja segundo, a tus hijos terceros y luego a tus padres.

La permanencia del matrimonio

"Por tanto, dejará el hombre a su padre y a su madre, y se unirá a su mujer, y serán una sola carne".

GÉNESIS 2:24

Una vez más miremos este versículo y fijémonos donde dice: "se unirán y serán una sola carne". Esta palabra, se unirán, traduce "pegarse" "agarrarse de algo" "quedarse unidos" La expresión "serán una sola carne" es "formar un solo cuerpo". Cuando ponemos juntas estas palabras vemos que Dios nos recuerda que su deseo es que el matrimonio sea una relación permanente, hasta que la muerte nos separe.

¿Cómo pueden los matrimonios pegarse o unirse el uno al otro? Déjenme darles algunas sugerencias:

Primero, comprométase con su pareja. Esto fue lo que usted hizo en la celebración de la boda. Públicamente usted se comprometió. El día de mi boda yo hice un voto con Santy de pasar el resto de mi vida con ella. Yo le hice ese voto a ella, al pastor, a mi familia, a la familia de Santy, a nuestros amigos y sobre todas las cosas a nuestro Dios. Yo me comprometo hasta que la muerte nos separe y yo estoy comprometido a cumplir mi palabra.

Esposos y esposas, ustedes hicieron un voto para comprometerse el uno con el otro hasta que la muerte los separe. Ustedes dieron una palabra el día de su boda, así que cumplan y no dejen ir su bendición.

Segundo, escoja amar a su pareja. El amor es un verbo, es algo que usted hace. El amar no es una fuerza mágica que te controla, es una acción que usted escoge enseñar y dar. Usted no puede dejar de amar. Según nos dice la Biblia, el amor no deja de ser. Probablemente usted siente que no ama pero en realidad lo que pasa es

43

que ese amor está escondido entre los escombros del enojo, del maltrato, del distanciamiento. Pero el amor no deja de ser, por lo tanto, decida amar a su pareja hoy y su vida será diferente.

Tercero, cultiva tu amor por tu pareja. El amor no es como un diamante precioso que usted encuentra. Es más semejante a una flor delicada que usted hace crecer. Tiene que cultivarla y protegerla. ¿Cómo cultivas el amor por tu pareja? Tratándole con la calidad del amor mencionado en 1 Corintios 13:4-7. Juntos trabajen para cultivar ese amor y que el fruto sea la felicidad de ambos.

Cuarto, acérquense lo que más puedan a Jesús. Él puede transformar una vida miserable a una vida feliz y una vida feliz la puede transformar en una más dichosa. Jesús puede cambiar un mal matrimonio en uno bueno, un buen matrimonio en uno excelente y uno excelente en uno excepcional. Los problemas van a venir siempre, pero tendrás a alguien que te acompañará y te ayudará a salir de esos problemas. Acércate a Dios lo más que puedas y verás cómo tu matrimonio alcanza el éxito.

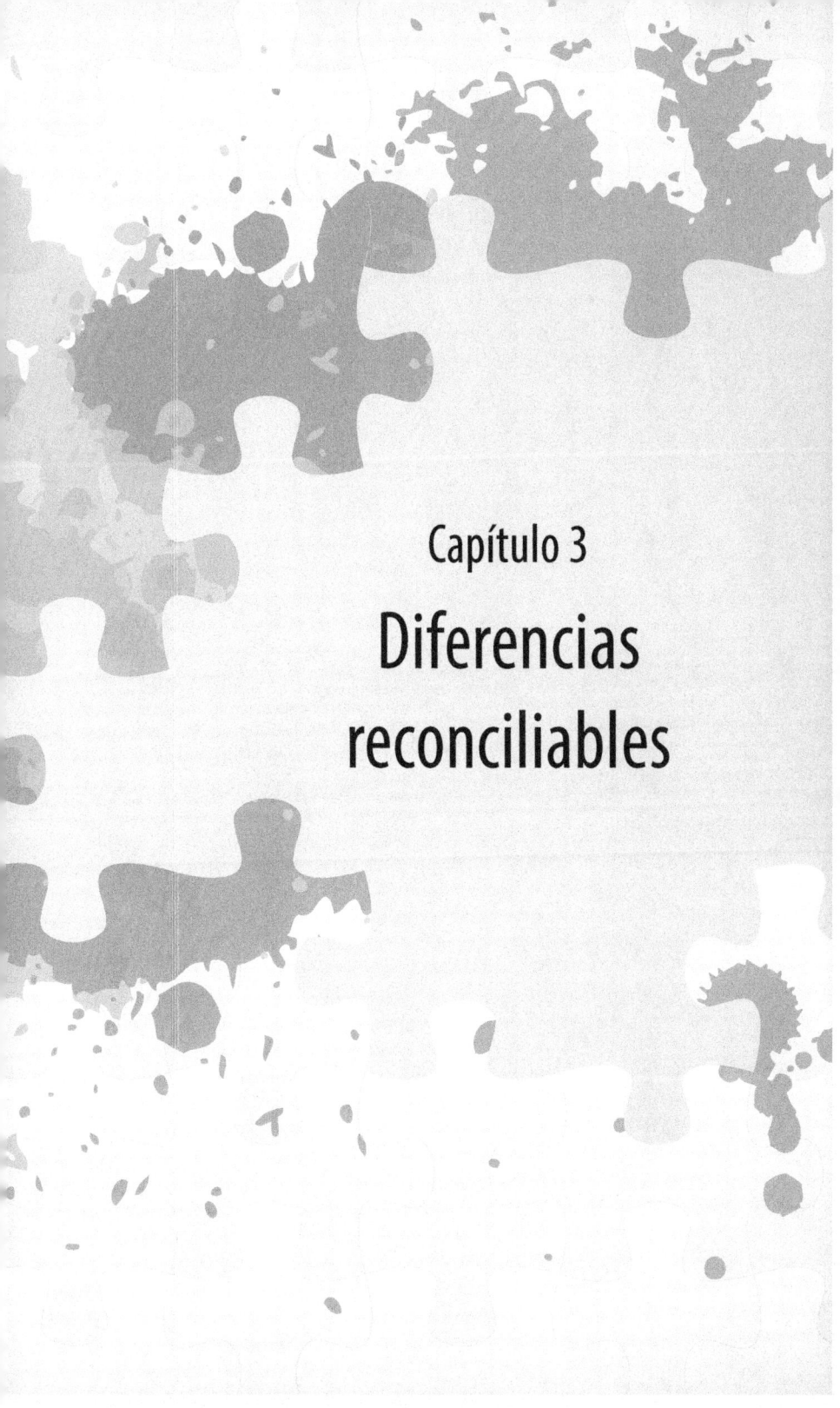

Capítulo 3
Diferencias reconciliables

Una de las mejores fórmulas para resolver problemas en el matrimonio es aceptar, reconocer. Admitir puede cambiar las cosas. Es un acto de humildad que desarma cualquier intención de contienda y da paso a la reconciliación. Aceptar el error, el grito, el acto de irrespeto, conlleva a mejorar las cosas en la pareja y en la familia.

Y aunque la vida familiar debería estar llena de paz, de gozo, de comprensión y de felicidad, no siempre logramos vivir de esta manera. Los inconvenientes económicos, los conflictos sentimentales, las diferencias en nuestra manera de pensar, en el carácter, en la personalidad y en la crianza de los hijos hacen que surjan dificultades.

Sin embargo, existen diferencias reconciliables en el matrimonio, la cuestión es: ¿cómo solucionar esas diferencias reconciliables? Cuando usted llega al punto de hacerse esa pregunta, es porque ha llegado a un estado de desesperación que exige una respuesta inmediata o porque ya colmó la copa de la paciencia y la dificultad se desbordó. Ya les dije que aceptar es una de las mejores maneras para aclarar líos familiares. Ahora veremos otras claves para dar solución a los problemas familiares.

Tengo que comenzar entendiendo y reconociendo que la naturaleza humana es imperfecta y que yo soy parte de esa imperfección.

Todos tenemos defectos, cometemos errores y muchas veces ni siquiera tenemos la capacidad de reconocerlos. Nuestro orgullo, el alto concepto que muchos tienen de sí mismos es un impedimento para admitir que somos parte de una naturaleza humana imperfecta, lo cual no nos deja en muchas ocasiones resolver esos errores.

"Porque todos tropezamos de muchas maneras. Si alguno no tropieza en lo que dice, es un hombre perfecto, capaz también de refrenar todo el cuerpo".

SANTIAGO 3-2

La biblia es clara cuando dice que nadie es perfecto, pero cuando usted acepta que es parte de la naturaleza humana, que peca, y también logra entender que su pareja y su familia forman parte de esa naturaleza, entonces será capaz de comprender (sin molestarse) los defectos de los demás. Esto es importante porque le hará cambiar su actitud y ser más comprensivo con su pareja y sus familiares.

Puede ocurrir que en la mayoría de los casos nosotros mismos somos la causa principal del problema y no nos damos cuenta. Ya sea por orgullo o simplemente por pura conveniencia, obviamos nuestra participación en los conflictos para dar paso al señalamiento, pues somos muy buenos para culpar a los demás. Pero tenemos que ser sinceros y evaluar nuestra conducta en todos los niveles, antes de señalar a otras personas por lo que está pasando en nuestras vidas.

Debemos reconocer cuál es nuestra parte en el origen del problema.

John y Susana son una pareja joven que conocí en Colombia. Su matrimonio estuvo en crisis precisamente porque él la culpaba a ella de no tener autoridad para evitar que la suegra (la madre de ella) interfiriera en asuntos internos de su relación, lo cual incidió en el debilitamiento del matrimonio, y ella lo señalaba de no haber cambiado, de ser el mismo de siempre: egoísta, manipulador y mentiroso. Él dice que ha cambiado y que está mejorando su relación con Dios, pero ha creado una imagen negativa ante su esposa. Es un hombre que ama a Dios, pero quizás necesite mayor comunión con el Padre para buscar la restauración de su hogar. Es un tema complejo pues ambos se juzgan, pero tendrá que llegar el momento en el que ambos evalúen sus conductas de manera individual para buscar una reconciliación.

Ahora bien, quiero hablarles un poco a aquellas mujeres que traen conflictos a su matrimonio. La Biblia nos habla en el libro de Proverbios 21:09 "Mejor es vivir en un rincón del terrado, que en una casa con mujer rencillosa". Noten que esta casa está llena de discordia por causa de una mujer rencillosa y, por lo tanto, es mejor vivir fuera de allí. También en Proverbios 21:1 Dios nos dice: "Mejor es habitar en tierra desierta que con mujer rencillosa y molesta". La palabra rencillosa es madown que significa: una mujer molesta. Por consiguiente, es causante de dolor, de rabia, de enojo, herida y rencor.

Como es posible que la casa se llene de enojo y provocaciones, que luego traen heridas y rencor, se requiere que la mujer se aleje de esa condición rabiosa, como señala la traducción bíblica. Cuando la casa es invadida por estos espíritus que atacan a la mujer, el hombre prefiere habitar en el desierto, es decir, en lugares áridos y secos donde el sol quema y donde las serpientes y los escorpiones habitan.

He conocido hombres buenos que con dolor en el corazón han dejado a sus familias porque no aguantan más las peleas causadas por una mujer rencillosa. Una vez hablé con un gran hombre al que admiro y me confesó que después de haber estado muchos años casado, decidió dejar todo porque no era feliz.

Este hombre de quien les hablo había tenido cierto éxito en su vida y delante de los ojos de todos tenía un matrimonio excelente. Pero me contó que tuvo que soportar muchas peleas en su matrimonio, muchos gritos y vergüenzas públicas porque a la que fue su esposa no le importaba dónde o con quién estuvieran; si tenía que decirle cualquier cosa y humillarlo lo hacía sin pensar en las consecuencias.

Con lágrimas este hombre humilde me decía que, aunque sabía que había tomado decisiones que afectaron la vida de sus hijos, su propósito en adelante era ser feliz y no aguantar humillaciones de esa mujer rencillosa.

¡Amada mujer que lees este libro!, quiero exhortarte: todavía estás a tiempo de hacer cambios en tu vida y dejar ese espíritu rencilloso para volver a ser esa mujer llena de sabiduría que edifica su casa.

Ahora bien, quiero dejar algo claro: bajo ninguna circunstancia le estoy dando la razón a este hombre por haber abandonado su hogar. Creo que fue un acto de cobardía, pero a la misma vez entiendo las razones por las que tomó su decisión.

¡Amado que lees este libro! Es importante que, antes de salir corriendo de tu hogar, busques ayuda profesional o trates por todos los medios de apoyar para que tu esposa vea que te está hiriendo y ayúdala a ser libre para que se pueda convertir en esa mujer de Proverbios 31-31 "¡Sean reconocidos sus logros, y públicamente alabadas sus obras!".

También cabe señalar que muchas mujeres se convierten en rencillosas por culpa del hombre que las maltrata, las hace sentir abandonadas o heridas por malas decisiones en la vida. Por eso es importante saber qué llevó a esa mujer a tal condición y regresarla al estado original del amor y la comprensión.

51

La educación de los hijos

Educar a los hijos muchas veces origina conflictos entre los padres. La madre en algunos casos es muy estricta y rígida, no da permisos para fiestas, no le gusta mucho que los hijos pierdan tiempo frente al televisor o jugando en la calle, mientras que el padre es más permisivo, deja salir a los hijos y les alcahuetea sus travesuras. Esto se presenta en el caso contario también. El asunto es que muchas discusiones empiezan porque uno de los padres es duro y el otro demasiado blando.

La solución para este problema es dialogar entre esposos, ponerse de acuerdo y buscar un término medio en la educación para que los padres no se desautoricen frente a los chicos. Cuando los progenitores van por caminos opuestos se pueden presentar grandes conflictos porque el hijo, en su afán de salir a su cita, entenderá que la madre luego se las arreglará con su padre o terminarán enfadados. Al chico no le importa lo que pase luego de salir, no es su prioridad, pero sus padres sí quedarán en medio de una discusión incómoda.

Cuando es la madre la que desautoriza al padre, ella está negando la autoridad y la mayordomía que Dios le ha dado a su esposo como cabeza del hogar, pero si es él quien la desautoriza a ella, no la tendrá en cuenta como la ayuda idónea que es y tal vez no valore el carácter y la sabiduría de su esposa.

Lo mejor que pueden hacer es estar sintonizados para que la crianza de los hijos no afecte la relación.

Tampoco es bueno tener preferencias. Cuando hay dos o tres hijos en el matrimonio y se forman "triunviratos", es decir, que dos hijos se alíen con la madre para oponerse al padre o viceversa, es muy probable que el matrimonio esté condenado a acabar. Se puede terminar causando mucho dolor a uno de los dos progenitores.

Y finalmente hay que entender que los hijos son una bendición que Dios nos dio y que nuestra responsabilidad está en darles una formación con bases sólidas a fin de que sean unos hombres y mujeres de bien y un reflejo del poder y del amor de Dios en nuestras vidas. Digo esto porque se puede cometer el error de retenerlos y en realidad el mandato es que ellos hagan sus vidas en cuanto llegan a ser adultos.

Terceras personas en el conflicto

No metas terceros en la alcoba. Cuando hablo de terceros en la alcoba lo primero que puede pensar alguien es en otra persona, pero nada de eso, me refiero a otros terceros. Llevamos a nuestra alcoba los problemas financieros, el trabajo o situaciones familiares externas, líos con amigos. Los terceros destruyen y nos desvían de la meta, que es tener una buena intimidad con nuestra pareja.

En estos tiempos de la tecnología muchos llevan sus ordenadores a la casa ¡terrible!, pues lo hacen con el pretexto de no haber alcanzado a realizar todo el trabajo en la oficina. Y ni qué decir de aquellas personas que tienen más cerca de sus manos el celular que las suaves y delicadas manos de su esposa o esposo. Es increíble como los intrusos causan conflictos.

Ahora bien, el título dice: terceras personas en el conflicto. Me refiero a amigos, suegras o suegros, entre otras personas cercanas a nuestro entorno. Con cada uno de ellos hay que tener claro hasta dónde pueden llegar. Nadie, absolutamente nadie, puede entrar en medio de un conflicto de pareja, y sólo podemos permitir, en algunos casos, que un profesional o un pastor nos dé una orientación para mejorar la situación.

Reflexiones sobre la lectura

_____

_____

_____

_____

_____

_____

_____

_____

_____

_____

_____

_____

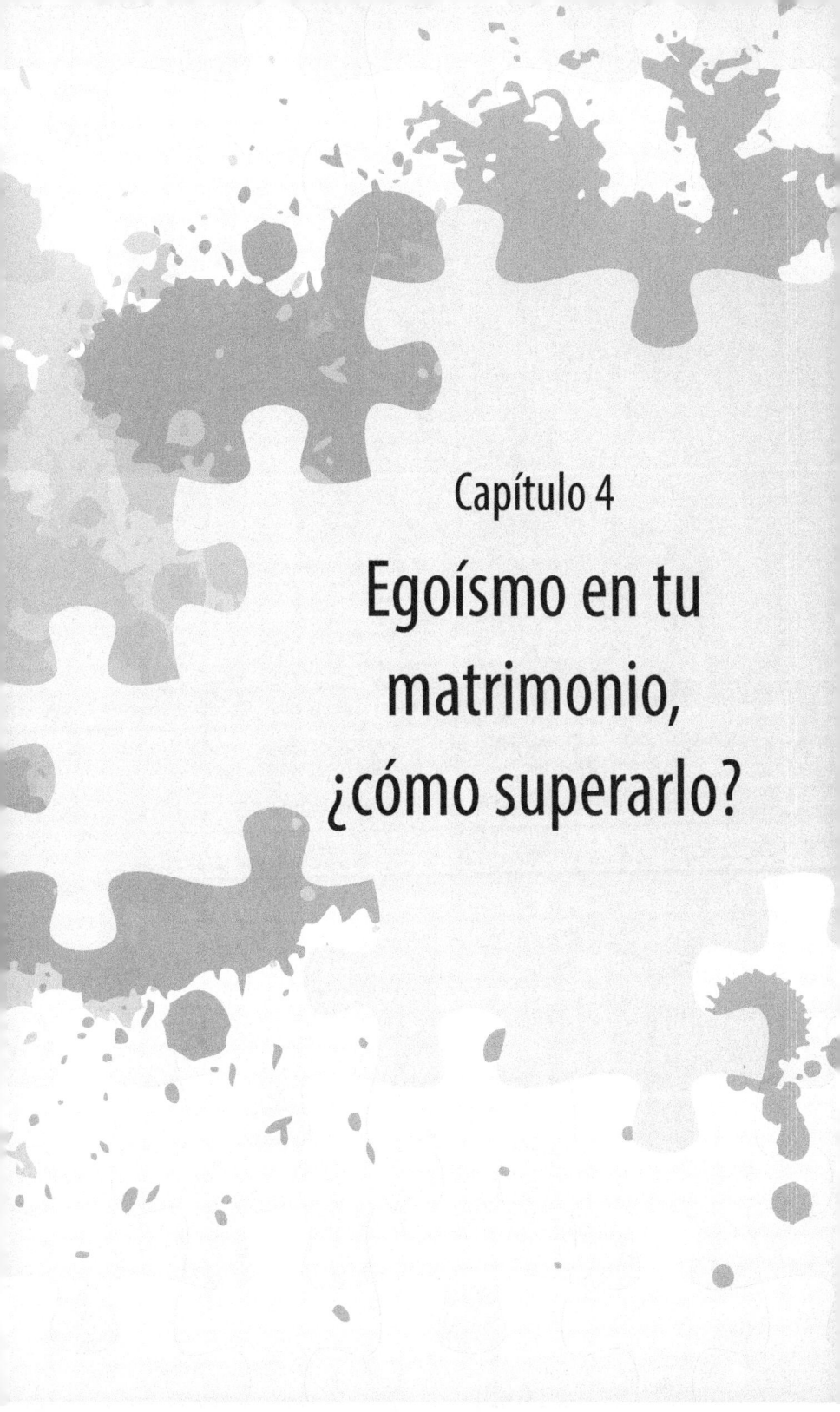

Capítulo 4

Egoísmo en tu matrimonio, ¿cómo superarlo?

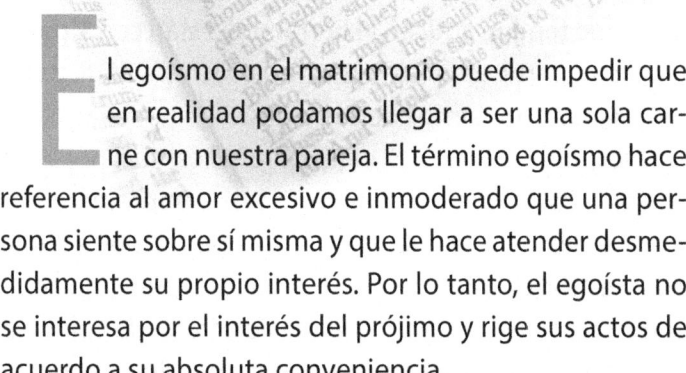

E l egoísmo en el matrimonio puede impedir que en realidad podamos llegar a ser una sola carne con nuestra pareja. El término egoísmo hace referencia al amor excesivo e inmoderado que una persona siente sobre sí misma y que le hace atender desmedidamente su propio interés. Por lo tanto, el egoísta no se interesa por el interés del prójimo y rige sus actos de acuerdo a su absoluta conveniencia.

Cuando leí esta definición de egoísmo en el diccionario no pude dejarla por fuera de este capítulo, ya que pasaron por mi mente algunas parejas que he conocido. Les puedo asegurar que el egoísmo acaba con muchas cosas dentro de un matrimonio. Aunque podemos resolver todos los problemas que tenemos en nuestras familias, si entendemos y reconocemos cuánto daño hacemos al ser egoístas, seguramente hallaremos el camino adecuado.

¿Quién no ha sido egoísta antes de casarse? En verdad, cuando uno es soltero, solo tiene una persona en la cual pensar: uno mismo. Uno piensa en lo que va a comer, en lo que va a vestir, en qué música escuchar, cómo gastar el dinero. Las necesidades de uno son las que hay que satisfacer y las de nadie más. Eso no es ningún problema, pues es parte de lo que tenemos que hacer como individuos. ¡Pero si te casas es otra cosa! El matrimonio lo cambia todo. Piensen que en este momento están unidos a una persona que escogieron no por uno, ni por dos años, sino para pasar el resto de años que tengan aquí en la tierra. Hoy están con alguien para compartir los más profundos secretos y disfrutar los mejores momentos de sus vidas.

Después de casarnos, el término YO cambia por el de NOSOTROS. Desde ese momento nos comprometemos a poner las necesidades de nuestra pareja por encima de nuestros propios deseos. Por ejemplo, tenemos que compartir nuestros estilos de música, tratar de coincidir en nuestras comidas favoritas y ponernos de acuerdo en cómo se va a invertir el dinero en casa.

Antes de unirme en matrimonio con Santy, yo pensaba en cómo iba a sobrevivir hasta el día de nuestra boda, pero al casarme tuve que cambiar mi mentalidad y decir: ahora cómo vamos a sobrevivir. No fue un cambio tan fácil en mi vida. En los primeros años de matrimonio yo (Cheo) era un poco egoísta. Después de haber estado soltero por algunos años había desarrollado las destrezas de preocuparme solo por mí. Pero al casarme con Santy, tuve que asumir una nueva responsabilidad de amarla como Cristo amó a su iglesia. Cuando logré entender este principio bíblico, fue un poco fuerte para mi vida y me ayudó a dejar a un lado el egoísmo. Entendí que eso demandaba morir a mí mismo, porque en ese momento, todavía estaba muy vivo al yo.

"Maridos, amad a vuestras mujeres, así como Cristo amó a la iglesia, y se entregó a sí mismo por ella".

EFESIOS 5:25.

El matrimonio es la mayor escuela que uno puede tener para aprender a cambiar el egoísmo en la vida. Tal vez alguien me diga: "Ya no hay esperanza, no hay quien cambie a mi pareja, ¿para qué voy a intentarlo? Santy y yo sabemos que hay esperanza cuando aprendemos a aplicar el plan de Dios en nuestras vidas. Con este plan entendemos que Dios es más grande que el yo. A través de los principios establecidos por Dios, hemos aprendido a sacar a un lado el interés personal y, en mi caso, a saber, que soy una sola carne junto a Santy. De esa manera alcanzamos la felicidad que ambos anhelamos.

Estar disponible a ser el último

En nuestro hogar hemos visto obrar el plan de Dios y cada día observamos cómo sigue trabajando. Santy no me cambió a mí, ni yo cambié a Santy, pero Dios nos transformó a ambos y eso ha fortalecido nuestra relación de matrimonio.

Si vivimos nuestras vidas solo para nosotros mismos, pensando únicamente en nuestros deseos e intereses, al final obtendremos lo sembrado: estar solos.

La respuesta para terminar de una vez por todas con el egoísmo la encontramos en las enseñanzas de Jesús, cuando dijo que en vez de querer ser primeros podemos ser los últimos. Que en lugar de salvar nuestra vida la perderíamos, en vez de querer ser servidos que sirviéramos. También nos enseñó a amar a nuestro prójimo (pareja) como a nosotros mismos. En resumidas cuentas, si queremos derrotar el egoísmo debemos dar, recibir y dar más.

El matrimonio nos provee la oportunidad de vivir no solo para nosotros mismos, sino para otra persona. Así evitamos esa horrible conclusión: todo lo que tengo soy yo y no dependo de nadie. El poder compartir con tu pareja y dejar a un lado el egoísmo te lleva de un estado de soledad a un estado de compañía.

El profeta Isaías trató este problema de manera muy adecuada más de 2500 años atrás:

Todos nosotros nos descarriamos como ovejas, cada cual se apartó por su camino; mas Jehová cargó en él el pecado de todos nosotros.

Isaías 53:6

El egoísmo es, tal vez, el enemigo más grande que tiene la unidad del matrimonio. Afecta la forma de hablar a nuestras parejas, cómo nos compartimos las tareas del hogar, cómo resolvemos los conflictos y, peor aún, como compartimos nuestro tiempo de amor y en familia.

He conocido hombres y mujeres que se involucran en diferentes actividades cotidianas para tener una excusa y no llegar a casa. Hemos aconsejado a mujeres que se esconden en las tiendas de departamentos comprando compulsivamente para de esa manera desviar la responsabilidad que tienen en el hogar. Algunos hombres prefieren irse con los amigos a pescar, a jugar golf o quedarse en la oficina un tiempo extra para tratar de desviar esa misma responsabilidad. La fórmula para ellos es evadir.

Los efectos del egoísmo en ti, en tu matrimonio y en tu familia

Hay muchos efectos del egoísmo en el matrimonio, pero aquí mostramos algunos:

- Hace que otros no quieran estar cerca de ti y que caigas mal.
- Crea sentimientos de dolor y resentimiento en tu matrimonio.
- Causa problemas de comunicación.
- Afecta tu felicidad matrimonial.
- No te deja pensar en tu pareja ni en tu matrimonio.
- No te permite crecer junto a tu pareja.
- No permite construir la confianza y la fidelidad en tu matrimonio.

Señales de egoísmo en el matrimonio

Si tu:
- Encuentras que es difícil comprometerte con tu pareja.
- Crees que todo gira alrededor de ti.
- No te gusta dar o compartir.
- Crees que perdonar a otros es muy difícil entonces eres egoísta.
- Sientes que estás compitiendo con tu pareja.
- Piensas que eres mejor que tu pareja.
- Solo piensas en ti mismo.

Quiero que sepas que todo esto no es el final y que puedes trabajar en ti y parar el egoísmo en tu vida.

¿Cómo dejamos de ser egoístas con nuestra pareja?

Esto se puede alcanzar dejando de escuchar esa voz dentro de nosotros que nos dice:
- Yo lo quiero a mi manera
- No quiero esperar y tengo que esconderlo de mi pareja
- No me puedo comprometer
- Quiero que lo hagas así
- Yo quiero, yo quiero, yo quiero

Déjame aclarar algo: No estoy diciendo que tu pareja tiene que negarse a ella misma, sino que ambos deben aprender a poner las necesidades del uno para el otro antes que los deseos personales. Si ambos logran hacer esto y toman turno en algunas cosas, entonces su matrimonio comenzará a ser ese matrimonio modelo y feliz.

Nadie puede cambiar a nadie

Es tiempo de superarte y, si estás en una relación feliz y sana, tu pareja en algún momento también comenzará a sentirse feliz y saludable. Ahora bien, pensar en tus necesidades y pararte firme por tu moral no es un acto de egoísmo, sino que eso te hace quien eres. Debes pararte firme por tus necesidades, porque de lo contrario estarías creando una relación enfermiza donde te niegas a ti mismo el derecho a ser feliz creando dentro de ti un robot que sólo funciona por las necesidades de otros.

El truco en todo esto es buscar el balance entre ambos.

Cómo conquistar el egoísmo en el matrimonio

Tratar con un cónyuge egoísta puede ser extremadamente difícil, ¿pero te has puesto a pensar si también lo eres?

Algunos tips te pueden ayudar a dejar de tener este comportamiento en tu matrimonio:
- Sé responsable y admite que has actuado egoístamente. Es muy difícil hacer esto, pero una vez que lo aceptas es más fácil vencer el egoísmo. Pregúntate "¿será esto lo mejor para nosotros? o solo para mí".

- Busca la raíz de todos tus problemas financieros. ¿Será por querer gastar en mis gustos? Buena pregunta. Esta es una excelente forma de comenzar a trabajar en tu egoísmo.
- Comunícate con tu pareja acerca de tus comportamientos egoístas y busca un punto donde puedan comprometerse. Tomen turnos en quién va a escoger las cosas. Esto les ayudará a construir una unión fuerte y los llevará por el camino del matrimonio que anhelan.
- Entiende que ambos son una sola carne y todo lo que hagas afectara a tu pareja.
- Cambia tu forma de pensar. Comienza a pensar en nosotros y no en YO.
- Sé paciente. Toma tiempo cambiar el egoísmo en la vida.
- No culpes a tu pareja por todo lo que pasa.

Para dejar de ser egoísta en tu matrimonio debes comenzar a negarle a ese niño(a) que llevas dentro que siempre te está diciendo: "Debo tener todo lo que quiero, cuando lo quiero y como lo quiero". Aplica cada uno de estos pasos y comienza el camino a la felicidad matrimonial.

Capítulo 5

La economía es de los dos

Este es un factor que sin darnos cuenta ocasiona muchos conflictos matrimoniales. Una mala situación económica nos deprime, nos estresa y nos desespera. Todo esto nos pone de mal humor y podemos caer en la tentación de desahogar nuestro estrés, mal humor y frustraciones con los más cercanos, que son nuestra pareja y nuestros hijos.

No nos damos cuenta de lo que está pasando, discutimos por pequeñeces, nos ofendemos y tiramos cosas. Cuando las personas se dan cuenta qué es lo que está alterando sus estados de ánimo, automáticamente recapacitan y se supera la situación. Así que miremos si la crisis económica, la falta de dinero y las deudas están afectando nuestro hogar y dialoguemos al respecto para juntos superar o, por lo menos, soportar las circunstancias.

Nunca olvido el verano más horrible que tuvimos en familia financieramente hablando. Como todos los años todos mis hijos se quedaban en casa y aprovechábamos que estábamos juntos para hacer diferentes actividades o nos íbamos de vacaciones.

Pero ese verano perdí mi trabajo y las finanzas no nos daban para poder hacer ninguna actividad. No podíamos ir al cine o comer en algún restaurante y mucho menos ir de vacaciones, pues todo el dinero que teníamos era para pagar nuestros compromisos. Pero ese verano es uno de los más recordados en nuestra familia y, por cierto, uno de los más felices.

Aunque en mi mente todavía me duele saber que no pudimos hacer las cosas que solíamos hacer, para mi esposa e hijos fue la mejor de las temporadas. ¿Por qué? Quizás usted se lo está preguntando. La respuesta es simple. Ese verano mi esposa Santy compró un frisbee en la tienda del dollar y todas las tardes nos íbamos como familia al parque a lanzar. Corríamos, reíamos, teníamos competencias y algunas veces peleábamos y hasta nos llegamos a enojar, pero algo muy lindo estaba pasando en nuestro matrimonio. Aunque no había dinero estábamos juntos disfrutando y sacando el estrés.

Pese a que no había dinero, nos teníamos el uno al otro y eso hizo que el verano más difícil en nuestras finanzas se convirtiera en el más recordado y el más divertido. Por eso jamás permitas que el dinero te separe o traiga tantas dificultades familiares. El dinero no es lo mismo que felicidad, por lo tanto, debemos entender que, si tomamos la decisión de amarnos y ser felices, el dinero no puede ser el obstáculo para alcanzar dicha y alegría.

Las modas, el consumismo y hasta la televisión se han encargado de vendernos tales problemas financieros. Por ejemplo, en Colombia salió una telenovela a la que titularon "Hasta que el dinero nos separe". Esa telenovela hacía referencia a un amor ficticio que era comprado por dinero o por cosas materiales. Quiero enfatizar que el verdadero amor no tiene nada que ver con dinero.

Muchas veces como consejero he tenido que lidiar con matrimonios que se aman, pero terminan en divorcio por que no supieron lidiar con sus finanzas. Debemos saber que la gran mayoría de los latinoamericanos no entendemos el concepto de las finanzas. Por lo tanto, debemos aprender primero cómo se manejan para entonces no llegar a conflictos en casa. Sólo el 2% de la sociedad entendió el concepto financiero y tuvo o tiene éxito en esta área. Es importante que nos eduquemos sobre cómo manejar bien y cómo llevar unas finanzas saludables en nuestro hogar.

El problema que muchas veces confrontamos es que tenemos un trastoque de prioridades o poseemos unas ambiciones desmedidas que nos llevan al caos financiero y, por subsiguiente, al caos familiar. Hay un refrán común que dice: "Que te abrigues hasta donde la sábana nos alcana". Lo que nos quiere decir es que solo obtengamos aquello que podemos pagar y que la pareja esté de acuerdo.

Puntos esenciales
Manejo de bienes económicos

1. Falta de conocimiento
2. Trastoque de prioridades
3. Ambiciones desmedidas
4. Experiencias equivocadas

El matrimonio es un estado que exige a las parejas compartir todo lo que la vida les da. En otras palabras, hay que compartir los cuerpos, las diferentes actividades, las tareas del hogar, los sueños de ambos, las responsabilidades y diferentes proyectos de vida. Además, se comparte el tiempo, los buenos momentos y los no muy buenos y entre todo esto también hay que compartir el dinero. Aprender a compartirlo todo dentro del matrimonio hace que una pareja fortalezca y profundice sus lazos.

Algunas personas piensan que enamorarse y unir sus vidas es lo único que deben o tienen que compartir. Pero no es así: se comparte todo; los sentimientos, la sexualidad sería lo principal, pero también está el compromiso y el compartir en el área financiera. Conozco parejas con muchos años de casados que todavía no han entendido ni han aprendido a compartir su dinero y sus bienes materiales. Él o ella no saben cuánto su pareja gana o qué hace con sus finanzas. Ambos tienen cuentas de bancos separadas, y aunque se dividen los gastos del hogar, nunca logran hacer una reconciliación de bienes e intereses que los haga ser una sola carne como nos enseña la palabra.

"Por tanto, dejará el hombre a su padre y a su madre, y se unirá a su mujer, y serán una sola carne".

GÉNESIS 2:24

Cuando una pareja no logra reconciliar sus bienes económicos y sus intereses financieros, puede terminar enfriando o destruyendo su relación. Por eso es importante que entendamos nuestra mentalidad respecto a nuestras finanzas. Existen formas de pensar en cuanto a las finanzas que podrían llevarnos al conflicto matrimonial. Aquí algunos ejemplos:

El dinero me da poder y autoridad

Es el pensamiento de quienes creen que las personas valen por lo que tienen o por lo que aportan. Hace que el que gana más se crea superior y con mayor fuerza de hacer o tomar algunas decisiones en el hogar. Cuando traemos esta mentalidad lo que logramos es desigualdad e injusticias dentro de nuestro propio hogar, lo que conllevará a un desajuste en la relación entre esposos.

Mentalidad machista

Con esta mentalidad no solamente se cree que el varón es el que debe ganar más dinero, sino que también debe ser el que maneja y toma todas las decisiones financieras en el hogar. En pocas ocasiones tanto el hombre como la mujer ganan el mismo salario. Pero tengan esto muy en cuenta: Si la ganancia de dinero de ambos no se pone en una misma cuenta, entonces el que gane y aporte más siente mayor derecho de ser quien maneje las finanzas y quien tome todas las decisiones relacionadas con dinero. Esto puede continuamente poner en una situación muy injusta a la persona que no trabaja o que no gana más dinero en el hogar.

Algunas ideas para manejar las finanzas en el matrimonio

- Es responsabilidad de cada pareja poder encontrar el modelo saludable y justo del manejo de las finanzas en su matrimonio. En realidad, no hay una única manera de llevar las cuentas, pero la clave está en buscar cual es el modelo en el que ambos se sientan cómodos y felices para de esa manera minimizar los problemas y conflictos matrimoniales.
- Permítame darle una idea que he trabajado muy bien en nuestro hogar y en muchos matrimonios que hemos aconsejado. Estoy refiriéndome a crear un presupuesto familiar. Aunque suene como algo muy complicado de hacer es una herramienta de gran ayuda para poder manejar nuestras finanzas de una manera saludable y justa en nuestro matrimonio.

¿Cómo es eso de presupuesto familiar?

Un presupuesto familiar no es otra cosa que la herramienta más importante que se usa para administrar las finanzas en casa y así ahorrar dinero. Puede ser simple o detallado, en función de tus necesidades, pero en todo caso, recomiendo hacer un seguimiento de tus ingresos y gastos durante un mes para hacerlo bien.

¿Para qué un presupuesto?

Un presupuesto familiar permite administrar acertadamente el dinero. Puedes darte cuenta de dónde viene y hacia dónde está yendo.

Cómo se proyecta

Los presupuestos se hacen sobre una base mensual. Calcula cuánto dinero ganas cada mes y cuáles son tus gastos.

¿Qué lo compone?

Incluye tu salario neto y cualquier otro ingreso que tengas. La sección de gastos incluye todo el dinero que gastas, quizás alojamiento, impuestos, comida, transporte, entretenimiento, ropa, cuidado de niños o cualquier otro gasto.

Para tener en cuenta

Incluso después de realizar el seguimiento de todos tus gastos, puede ser difícil asignar un monto mensual en dólares a un gasto. Si no gastas la misma cantidad cada mes, utiliza una cantidad promedio de dólares.

Potencial

Crea un presupuesto familiar para ver si hay algún espacio para recortar tus gastos. Puedes ver fácilmente si estás gastando demasiado dinero en un área después de completar tu presupuesto.

Recomendaciones para un buen presupuesto familiar:

1. Tengan una sola cuenta de banco en la que se depositen todos los ingresos de la pareja. Por ejemplo, tomen un tiempo entre ambos y sumen la cantidad mensual que cada uno gana. Sumen también otros ingresos que vienen de pensiones, rentas, etc. No dejen nada sin sumar. Todas las cantidades son importantes para obtener el total de ingresos.
2. Siéntense y hagan una lista de todos los gastos mensuales. Por ejemplo: pago de renta o hipoteca, seguros de la casa y carros, teléfonos, gas y luz, cable, Internet, impuestos sobre la casa, arreglos de casa, comida, pago y mantenimiento de carros, gasolina, ropa, gastos personales de ambos, cuidados médicos y medicinas, niñera, tarjetas de crédito, diversión, regalos, Iglesia, vacaciones, etc. Sume las cantidades para obtener el total de gastos mensuales del hogar.
3. Obtengan el sobrante. Réstenle al total de ingresos, el total de gastos mensuales para obtener el dinero sobrante. De eso que sobra, tomen una parte para gastos extras como educación, jubilación, ayuda a las familias, emergencias y cuenta de ahorros.

4. Revisen su presupuesto familiar a menudo. Entiendan que las situaciones financieras cambian de tiempo en tiempo, por lo tanto, es sumamente necesario revisar el presupuesto familiar de tiempo en tiempo.
5. Es recomendable que uno de los dos sea el que escriba los cheques y se haga responsable de llevar las cuentas. Aun así, debe siempre informar al otro, pues el hogar es de los dos y los dos son responsables y tienen el derecho de saber cómo va la situación económica.

Reflexiones sobre la lectura

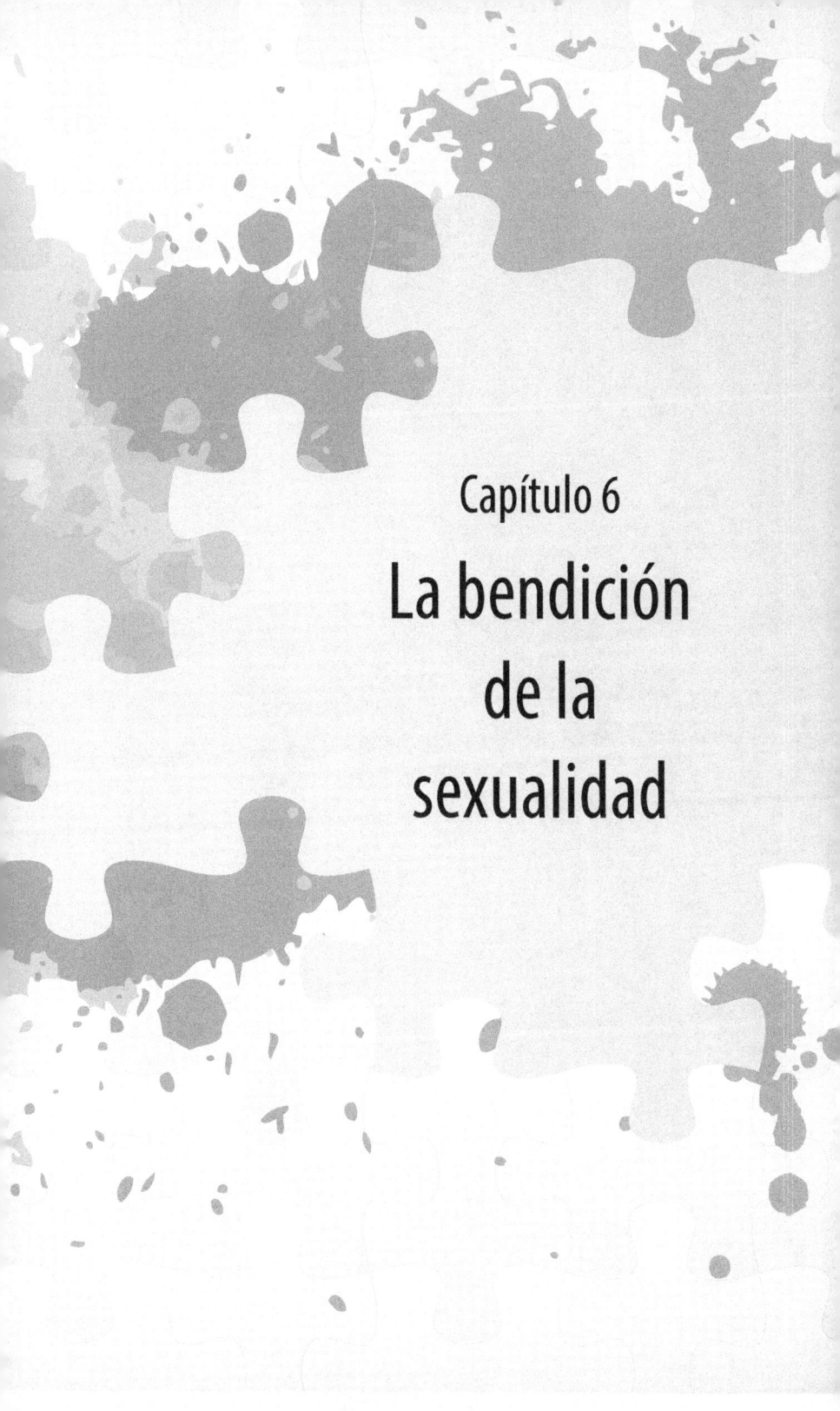

Capítulo 6

La bendición de la sexualidad

Antes de comenzar este capítulo quisiera aclarar que no soy un sexólogo, ni un profesional licenciado en este tema. Sin embargo, mi experiencia ministerial me ha enseñado la importancia de hablar esto a la luz de La Palabra.

Cuando se trata de sexo la mayoría de las parejas cristianas hacen lo que les ha parecido a ambos. Si han sido bendecidos y descubrieron el secreto de algo que les trae satisfacción, gozo sexual, acercamiento el uno al otro, o logran alcanzar el coito, lo más seguro es que continúen en esa práctica toda la vida. No obstante, algunas parejas estarán llenas de culpabilidad porque siempre pensarán o dudarán si lo que hacen es pecaminoso o si Dios aprueba o no ese placer que lograron sentir.

Cuando hacemos nuestras conferencias recibimos muchísimas preguntas de parejas cristianas que desean saber qué es pecado o qué no lo es en la relación sexual.

Desafortunadamente en la iglesia hispana ha ignorado este conflicto sexual. No pueden hablar estos temas y la mayoría de los libros cristianos son dedicados al área espiritual de la sexualidad. En algún momento llegué a leer y a estudiar unas estadísticas que decían que las parejas más aburridas sexualmente son las cristianas. Esas estadísticas ciertamente son alarmantes y, como cristiano, no las puedo entender porque el mismo Dios que nosotros adoramos y al mismo que le servimos, fue quien inventó la sexualidad. Por lo tanto, nosotros, los hijos del Dios que inventó el sexo, debiéramos ser los mejores sexólogos y los más divertidos amantes sobre la faz de la tierra.

Sería buenísimo tener una lista de prácticas sexuales categorizadas como pecaminosas o aceptadas por Dios. ¿Cómo sería esa lista? ¿Todos estuvieran de acuerdo con ella? ¿O tendríamos a algunos pentecostales en contra o quizás otros bautistas a favor o algún católico dudando si estaba bien la lista? ¿Crees que se pondrían de acuerdo y pudiéramos encontrar una solución a este dilema?

Creo que nunca los diferentes sectores del cristianismo moderno se pondrían de acuerdo en esta lista. Por mucho tiempo he intentado tener una posición clara en cuanto a los diferentes temas sexuales y aun no estoy claro. Por ejemplo, antes de casarme pertenecía a una iglesia en la que el pastor desde el púlpito habló en contra del sexo oral y nos dijo que no era posible agradar a Dios y adorarle con la misma boca que practicábamos el sexo oral.

Muchos matrimonios dentro de la iglesia dejaron de hacerlo y no olvido cómo una de las parejas líderes del ministerio terminó en divorcio porque el hombre dijo que el pastor había enseñado que eso era pecado, y la mujer deseaba que en su intimidad el sexo oral fuera parte de las prácticas.

Después de este incidente donde se perdió un matrimonio por la posición de este pastor, llegó un hombre muy reconocido nacionalmente a esa misma iglesia y desde el mismo púlpito nos dijo que no había problema con el sexo oral. La confusión para muchos de nosotros fue grande ya que el pastor local dijo que era pecado y el reconocido predicador dijo que era bueno. Ese día me di a la tarea de tomar mis propias decisiones y de buscar mi propia opinión, sin dejar que otros influyeran en mí por sus propias experiencias religiosas o por sus puntos de vista eclesiásticos.

Por eso yo hago siempre estas preguntas: ¿quién te enseño la sexualidad? ¿Un pastor mal informado?, ¿un familiar lleno de tabúes?, ¿un amigo que no sabía nada?, ¿una película de Hollywood?, ¿tal vez lo aprendiste desde el punto de vista cultural?

Bueno, regresemos a la lista de la que estábamos hablando. Me gustaría poder crear esa lista y que, de una vez por todas, pueda traer paz sobre lo que se puede o no se puede hacer en la práctica sexual. Pero en realidad eso no será posible porque las comunidades de cristianos o las diferentes creencias religiosas tienen diversos puntos de vista o entendimientos teológicos de algunos versículos bíblicos o de algunos principios contenidos en la Palabra. Ninguna lista sería aceptada por todos los cristianos, sin embargo, me gustaría darles algunos conceptos que espero puedan ayudarles a disfrutar del don de la sexualidad al máximo sin sentirse pecador o pecadora. Creo que eso es lo que Dios desea para sus hijos.

En realidad, dudo mucho que al Señor le sorprenda la intensidad de nuestros deseos sexuales (ya que él nos hizo seres sexuales). Algunas personas creen que mientras están teniendo una relación sexual con su pareja, Dios está asustado o que, en ese momento, si Jesús viniera por su iglesia, se quedarían por no estar en santidad. Creo que, al ver nuestra pasión y satisfacción sexual, en el matrimonio, Dios se siente satisfecho pues estamos cumpliendo con su naturaleza creativa.

Definitivamente tengo certeza de que hay límites y creo que también existen cosas pecaminosas dentro de la sexualidad, que fueron identificadas atreves de la Biblia, como prácticas que Dios abomina. Éstas fueron rechazadas por Dios para que pudiéramos disfrutar al máximo del regalo que Él mismo nos dejó en la sexualidad.

Primero, quiero dejar claro que la Biblia no es el manual de técnicas sexuales. Aunque en el libro de Cantar de los Cantares algunas personas entienden que se describen comportamientos sexuales, otros eruditos creen que es un libro netamente espiritual. Yo pienso que es un texto poderoso de amor poético que claramente acepta el gozo del placer sexual.

Segundo, quiero enfatizar una vez más que hay algunas conductas sexuales que están prohibidas en Las Escrituras. El adulterio, por ejemplo, que es tener relaciones sexuales con otra persona que no sea su esposo (a), lo cual es pecado. En el sermón del monte, Jesús va más profundo y enseña la importancia de la fidelidad matrimonial al extender la prohibición de la infidelidad cuando incluye un pensamiento lujurioso al mismo rango de tener una relación extra marital.

"Pero yo os digo que cualquiera que mira a una mujer para codiciarla, ya adulteró con ella en su corazón".

MATEO 5:28

Deben tener mucho cuidado con la codicia, pues lleva a que se fortalezcan en nuestras mentes pensamientos sexuales que nos llevarán tarde que temprano al pecado. Cuando cuidamos nuestros pensamientos y los deseos de nuestro corazón, entonces estamos poniendo murallas de protección a los deleites de nuestra intimidad como pareja.

Hay cantidad de posibles prácticas sexuales para los matrimonios que no son mencionadas en lo absoluto en Las Escrituras. Por ejemplo, no encontramos mención sobre los juguetes sexuales o la pornografía cibernética. Por lo tanto, como no vamos a encontrar una respuesta definitiva y con versículos bíblicos sobre esto, lo mejor que podemos hacer es vivir bajo los principios que Dios, que ya ha establecido, y aplicarlos a los parámetros culturales que vivimos.

Si estudiamos el comportamiento sexual humano no nos debe sorprender que en el siglo XXI no seamos diferentes a los seres humanos desde la creación. Tenemos los mismos equipos anatómicos, las mismas hormonas fisiológicas, la misma capacidad mental para la lujuria y la misma fantasía y, además, la misma necesidad emocional que hace a hombres y mujeres buscar el placer sexual y la intimidad. Como dice el libro de Eclesiastés "No hay nada nuevo debajo del sol", excepto, la vasta variedad de juguetes nuevos.

Conflictos en la intimidad

Muchas parejas crean conflictos en su intimidad sexual. Por ejemplo, un esposo se queja por la falta de interés sexual de su esposa. Este se enoja, piensa que ella ya no lo ama o que tiene un amante, lucha por despertar el deseo de su mujer, no lo consigue, se desespera, grita y hasta puede caer en la infidelidad. Pero a este esposo no se le ocurre que él puede ser el culpable de la falta de apetito sexual de su mujer. ¿Por qué? Porque con los años ha dejado de ser romántico. Recuerda que no importa cuántos años tengan de casadas, a las mujeres les gusta ser cortejadas.

Esposo: ¿Ha descuidado su apariencia personal? ¡A las mujeres les gusta el hombre bien rasurado, recién bañado, con un aliento agradable!

¿Se enoja con frecuencia, es gritón, machista y ofensivo? Estas características en un hombre apagan el amor y la pasión en una esposa. En el caso de la mujer puede ser que el hombre ya no tenga deseos de intimar con ella, ya que no se arregla, no lo sonsaca o simplemente las actitudes gruñonas de esa mujer apagan el deseo del hombre de poder tener una intimidad sexual.

Este caso nos muestra cómo se puede culpar a la pareja, cuando en realidad es uno el que involuntariamente está ocasionando el conflicto. Así que analicemos nuestro comportamiento y hagamos lo posible para cambiar. Esto se aplica a muchos aspectos de la vida familiar y se puede dar a la inversa.

En mis conferencias a matrimonios comparo la intimida sexual con un concierto y siempre digo que la mujer es una guitarra y el hombre es el músico por excelencia. Para que en ese concierto de amor la guitarra suene bien y cumpla con las expectativas del músico, es imprescindible que él dedique tiempo afinando y entonando esa guitarra. Ningún guitarrista responsable jamás tocaría su instrumento sin antes dedicarle un tiempo de afinación, porque sabe que si no lo hace no podría obtener los tonos que llevarán a una dulce melodía.

Por lo tanto, es importante que cada hombre que desee que la intimidad sexual con su esposa sea placentera, debe cumplir con los requisitos de afinación. Porque lo peor que haría un músico profesional sería llegar a la hora del concierto sin haber preparado el ambiente y haber afinado la guitarra. Quizás ustedes se pregunten: ¿cómo afino mi guitarra? Bueno les daré algunos tips:

- Alimente las emociones de su pareja todos los días. Dígale cuan hermosa es.
- Afine su guitarra con flores esporádicamente.
- Ayude en la casa a las faenas del hogar.
- Aunque esté ocupado saque un minuto para de-

cirle que está pensando en ella.
- Hágale una llamadita o envíele un mensaje de texto.
- Invítela a una cita romántica sin compañía de otras personas (incluyendo hijos).

Los detalles que parecen insignificantes serán los que llegarán a lo profundo del corazón de su pareja y se sentirá deseada por usted.

El amor no entra por la cocina

Todo aquel que crea en el viejo refrán que dice: "El amor entra por la cocina", está sumamente equivocado y aunque suena muy bonito está muy lejos de la realidad. El sexo es MUY pero MUY importante en la vida de los hombres. De acuerdo con algunas encuestas realizadas, entre el 80 y el 90 por ciento de los hombres ven el sexo como el aspecto más importante de su matrimonio. Cuando se les pregunta cuál es la cosa que más les gustaría cambiar en su matrimonio, la respuesta es que desearían que a sus esposas les interesara más el sexo y que ellas tomaran la iniciativa sexual de vez en cuando.

Sin duda que nuestra cultura sexual explícita juega un rol primordial en la mente del hombre. Un hombre no puede abrir un periódico o revista, ver la televisión, mirar el internet o simplemente caminar por la ciudad sin ver cosas que le recuerden aspectos de la sexualidad. Aun así, antes de la internet o de la moda moderna la sexualidad era una fuerza poderosa en la vida del hombre. La historia bíblica no se escapa de esta fuerza tan poderosa y vemos un personaje como David, quien se enamoró del cuerpo y de la mujer ajena. Sansón perdió su destino profético por Dalila. Esto nos demuestra que el poder del deseo sexual en los hombres ha sido, a través de la historia, una fuerza constante en su intimidad, pero también en su destrucción. Antes de terminar este capítulo quiero reconocer que usted, esposa, puede estar casada con un hombre que cae en las estadísticas del 10 al 20 por ciento de hombres que su apetito sexual no es tan fuerte. Aunque el sexo no sea un factor dominante en la vida de tu esposo, eso no quita que sigue siendo importante en la vida de él. En realidad, muchos hombres que evitan o minimizan el impacto del sexo en sus vidas lo hacen por las experiencias negativas del pasado o por el miedo al fracaso. Sin importar con qué frecuencia tu esposo piense o hable de sexo, no tengas la menor duda de que es un aspecto vital de quien él es parte importante de su matrimonio.

Reflexiones sobre la lectura

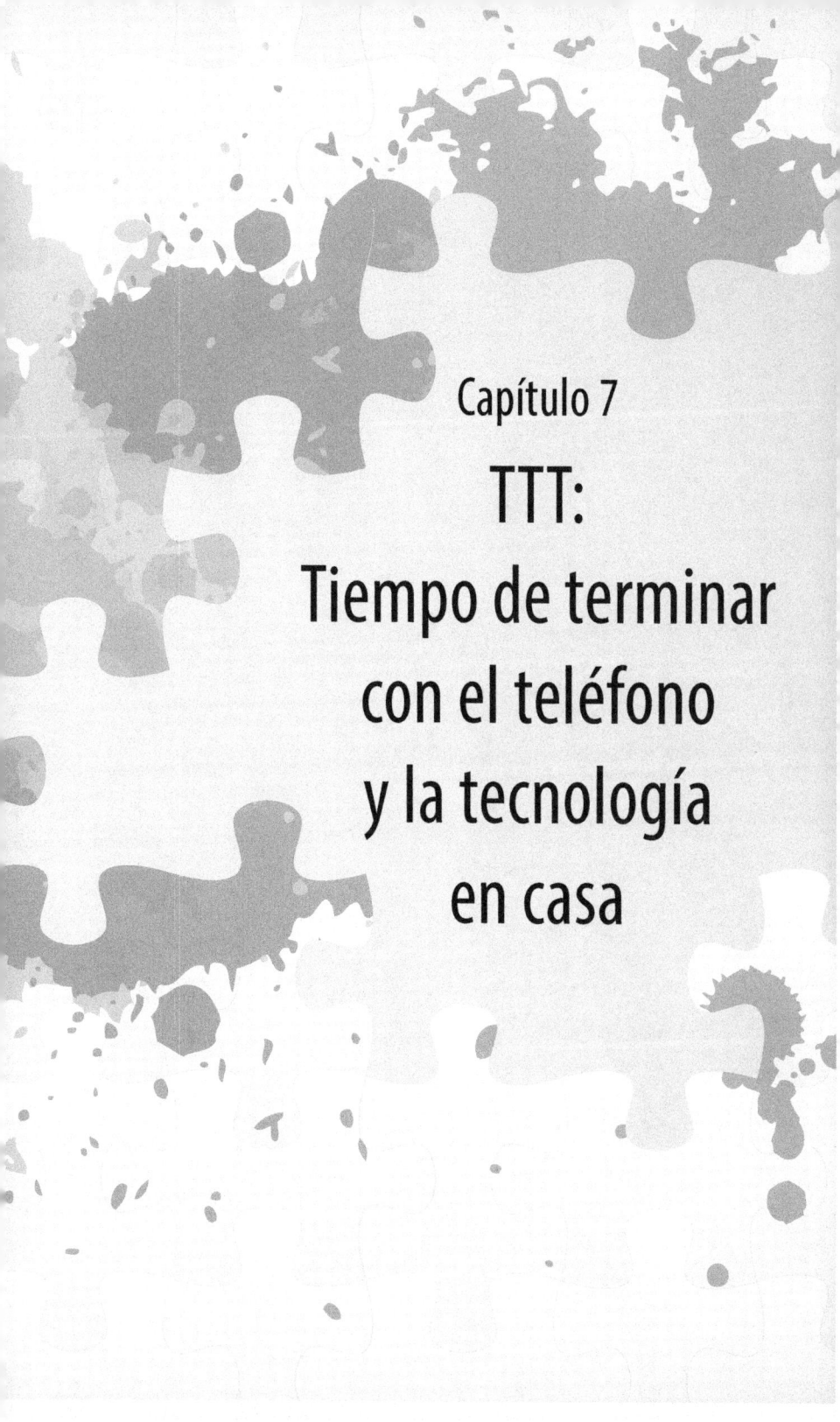

Capítulo 7

TTT:
Tiempo de terminar con el teléfono y la tecnología en casa

Adicto es una palabra un poco incomoda de digerir. Combinémosla con otras palabras que le dan un mayor y profundo impacto: alcohol, drogas, sexo; toma mayor fuerza y significado, ¿no es verdad? Pero, ¿alguna vez han escuchado hablar de los adictos a la internet? Pues déjenme decirles que esta es una adicción que en la actualidad está causando grandes problemas en las relaciones matrimoniales.

Está comprobado mediante estudios y encuestas que el uso irresponsable de la internet, a través de las redes sociales y algunas páginas, genera conflictos en las parejas, ya sea relacionados con la infidelidad, como también con el aislamiento, la depresión, la falta de atención y el descuido en la relación. El aumento del uso de internet ha expuesto a los matrimonios a un mundo completamente diferente. Cada año más personas utilizan alguna red o aplicación para conocer a su futura pareja o simplemente para tener una aventura.

Los problemas fundamentales que cada matrimonio atraviesa no han cambiado por muchos años. Pero se han multiplicado con el uso de la tecnología, lo que hace muy probable que algunos matrimonios fracasen.

Ahora, conocer a tu pareja en la internet no es el problema, lo es la influencia que tiene la internet y la tecnología una vez casados. ¿Quedarás satisfecho con la mujer que conociste por la web y con la cual te casaste? ¿Querrás conocer a otros hombres luego de haberte casado felizmente con ese al que conociste por una red social? Son preguntas que bien vale la pena hacerse, porque una vez unidos en matrimonio, la idea de buscar a otras personas por internet puede resultar un camino sin retorno hacia la infidelidad. Y peor aún: una adicción a pasar horas frente al PC o al móvil, ineludiblemente llevará camino al divorcio.

Con la gran explosión tecnológica que hoy tenemos, se incrementan las oportunidades laborales, pero también las amenazas al matrimonio.

Mi esposa y yo nos podemos clasificar como una pareja conectada a internet. Ambos tenemos celulares, computadoras, y utilizamos estos aparatos para mantenernos conectados durante mis viajes y aun cuando estoy en casa. Pero nos hemos dado cuenta de que nos distraen y nos quitan el tiempo del uno para el otro y eso puede llegar a crear una presión innecesaria en nuestro hogar.

Déjame darte un ejemplo de un escenario común dentro de un matrimonio de hoy en el mundo.

Es fin de semana en cualquier país de Latinoamérica. La familia González, conformada por José, el esposo,

Ruth, su esposa y sus dos hijos Tito, de 14 y Lola, de 12 años, están en casa. La cena está servida y la familia disfruta frente al televisor de lo que mamá cocinó.

Pero luego de unos minutos, la mamá se va a la computadora a ver sus correos electrónicos y sus redes sociales y papá continúa delante del televisor. De repente Lola agarra su iPhone y comienza a enviar mensajes por WhatsApp a sus amigas, mientras Tito se va a su habitación a jugar con su Xbox hasta que es tiempo de dormir.

Noten cómo los miembros de la familia González, a pesar de estar en una misma casa, en realidad están en mundos diferentes. Esto sucede muy frecuentemente, no solo en familias con hijos, sino en parejas que aún no los tienen. En cualquier caso, estar más pendiente del mundo virtual que del real, ha hecho que la gente se aparte, que se pierdan lazos, que se deje de compartir, y todo esto, sin duda, está acabando con matrimonios y familias.

No existe forma alguna de que una familia pueda tener una total intimidad, cuando la tecnología está interfiriendo, y sus miembros rehúsan a apagar sus teléfonos, la televisión, o el Xbox. No hay manera de vivir equilibradamente cuando la familia pasa a un segundo plano. En el caso de los González, vemos cómo viven bajo el mismo techo, pero tan distantes el uno al otro.

Si observan las noticias se darán cuenta que la tasa de divorcios es extremadamente alta y significativamente va en aumento cada año. Para los recién casados está alrededor del 50%, y eso es muy alarmante y aterrador. Es muy importante y lógico observar cómo la tecnología puede estar afectando esas estadísticas entre los matrimonios de hoy.

Para poder presentar esta problemática voy a darles lo que he llamado las caras "buena", "mala", y "fea" del internet en el matrimonio.

La buena conectividad

La mayoría de los productos de tecnología han sido creados para ayudar a la gente a mantenerse conectada y hacer el mundo más fácil. Por ejemplo, los teléfonos celulares, las aplicaciones de mensajes de texto, las cámaras, entre otros, facilitan la comunicación y acortan las distancias entre esposos y familias, que por alguna u otra razón están alejados.

Santy y yo nos comunicamos durante el día o en mis viajes a través de mensajes de texto románticos, hablamos en el teléfono, o simplemente nos enviamos un correo electrónico para ver cómo está todo. Nuestra comunicación es constante mediante el uso de estos aparatos electrónicos, y eso nos ayuda a relacionarnos el uno con el otro hasta que nos podamos encontrar cara a cara.

Así que debemos aprovechar estas ventajas para acercarnos con nuestras parejas, ser románticos y ayudarnos. Qué lindo es cuando vas camino a casa y te llega un WhatsApp de tu esposa diciéndote que le gustaría que llegaras a casa con un rico postre, o tal vez sea tu esposo deseando que llegues cuanto antes para que vean una película en casa. Es muy interesante saber que a través de un móvil le puedes enviar a tu esposa la foto de ese carro que deseas comprar, así, en caso de que ella no esté presente, la harás partícipe de tus decisiones. Esta buena conectividad ayuda a que los matrimonios se fortalezcan y hagan un uso sano de la tecnología en comunicaciones.

La mala distracción

Satanás ama distraer a los cristianos. Él sabe que si logra desenfocarnos de las cosas importantes de la vida seremos presa fácil de destruir. Las cosas que mencioné en el párrafo anterior, sobre cómo la buena conectividad nos permite estar pendientes de nuestra pareja, también puede ser una distracción a nuestros matrimonios. ¿Por qué?

Porque si no sacamos un tiempo real con nuestra pareja, enfocándonos en ella 100%; apagando el celular, el televisor, el video juego, y nos dedicamos a vivir una relación en la que somos más atentos y amorosos por chat que en la realidad, poco a poco se van a causar tensiones en la relación.

Haga este ejercicio con frecuencia: Santy y yo hemos decidido que hay un tiempo donde ningún aparato electrónico ni ninguna comunicación con otros nos pueden quitar el tiempo y el romance de nuestro matrimonio.

Tiempo atrás, junto con mi esposa, nos sentamos a ver cada línea de nuestro presupuesto y decidimos que teníamos que bajar los gastos en los que se incurría en la casa. Observamos que estábamos pagando mucho dinero mensual con el proveedor de cable e internet. Emprendimos entonces el doloroso y difícil proyecto de eliminar el cable en nuestra casa y, les confieso, que los primeros días fueron tensos y difíciles, pero poco a poco nos dimos cuenta que el tiempo que todos pasábamos delante del televisor ahora lo estábamos invirtiendo en hablar y dialogar sobre cosas familiares. Hemos pasado los mejores momentos en familia que, sin darnos cuenta, no ocurrían porque le dábamos más prioridad a la televisión que a dialogar en familia.

La tentación fea

Debemos también conocer el lado oscuro de la tecnología. Internet es usado frecuentemente para comportamientos pecaminosos y la pornografía es uno de ellos. Se ha convertido en una epidemia en nuestra sociedad y una gran causante de divorcios y problemas íntimos muy grandes.

Muchos matrimonios han sido destruidos por la tentación horrible que existe en internet. Actualmente las páginas con contenidos pornográficos son las de mayor tráfico y existen casos en los que las personas se convierten en adictas a estos contenidos. Hombres y mujeres caen en este pecado que lleva a que una buena relación marital se convierta en un fracaso.

La otra cosa FEA de internet es usar nuestros teléfonos o correos electrónicos para sostener relaciones extramaritales, o usarlo para encontrar y tener nuevas relaciones que puedan llegar a ser meramente emocionales. Estas y otras cosas han penetrado tan profundo en nuestra cultura, que han hecho que estas tentaciones tan fáciles de evitar sean oportunidades para destruir el matrimonio.

Debes guardarte de permitir que la tecnología dañe tu matrimonio. Si crees que eres un adicto, de acuerdo a lo que te expliqué al principio de este capítulo, habla con tu pareja o con un amigo de confianza y busca ayuda.

La mayor parte de las personas no son adictas a internet o a los contenidos y relaciones pecaminosas que allí abundan, pero sí sienten los efectos de la tecnología haciendo estragos en la intimidad de su relación de pareja. Por eso es importante que tomes un tiempo para desconectarte y reconectarte con los que tantas amas.

¿Estás casado con tu teléfono?

La tecnología está cambiando tanto y tan rápido, que la gran mayoría de nosotros, no nos damos cuenta de cómo estamos tratando a los que están cerca.

Un ejemplo: vas manejando en la ciudad y te encuentras a alguien delante de ti conduciendo muy lento. ¿Qué es lo primero que piensas? Que esa persona debe ir entretenido en el teléfono. En la mayoría de los casos es así. Y, lo peor, eso logra sobresaltarte.

Cuando vas a un restaurante es impresionante ver cuántas familias se ignoran la una a la otra por estar pendientes de qué fue lo último que dijo un tal desconocido por sus redes sociales, en lugar de disfrutar el momento que juntos pueden compartir y disfrutar.

¿Cuantas veces, querido lector, nosotros mismos hemos ignorado a la gente más hermosa del mundo (nuestra familia) por ponerle atención a alguna noticia en Twitter, o tal vez a un comentario en Facebook o a una foto en Instagram? Mientras más tiempo le dedicamos a esas cosas, menos tiempo habrá para saber las cosas lindas que tu pareja tiene para ti, qué buenas noticias te trae tu esposa, o talvez dejarás de tomar esa foto inolvidable que pudieras guardar como un maravilloso recuerdo.

¿Te suena familiar lo que estoy exponiendo en este capítulo? En los últimos quince años los teléfonos celulares conquistaron el mundo y pudiera darte una lista de cincuenta cosas de cómo esto ha mejorado nuestras vidas. Pero si eres contemporáneo conmigo y puedes recordar cómo era la vida antes de que llegaran los teléfonos celulares, entonces podrás preguntarte si en realidad todos estos cambios han sido para el beneficio de la humanidad.

Tal vez para usted no sean un problema las redes sociales y su matrimonio no tenga este problema, pero hoy quisiera imaginarme un día sin internet y sin teléfono. Más aún me gustaría que se nos ocurriese un día sin redes sociales y un ayuno de nuestros aparatos electrónicos.

Con internet acercamos a los que están lejos, pero alejamos a los que están cerca.

De hecho, hay personas en las iglesias que al ser inquietadas por Dios en cuanto al exagerado uso de las redes sociales, deciden hacer ayunos de semanas y meses para apaciguar estas adicciones. Te garantizo que esas horas serán eternas y podrás darte cuenta cuán grande es nuestro vicio y nuestra dependencia de estos aparatos.

Mientras escribía este capítulo en mi casa, se experimentó un problema, ya que por las Costas del Sur de la Florida estaba pasando un fuerte huracán. No podíamos salir de la casa, el internet no funcionaba bien y en la televisión solo había noticias. ¡Qué momento tan tenso para mis hijos, qué difícil era para todos y cuán largas se hacían las horas! Ese día me di cuenta qué tan dependientes éramos como familia de la tecnología y de internet, y decidimos hacer algunos cambios para que eso no fuera la fuerza de la comunicación en nuestro hogar.

Ahora, volvamos al ayuno de internet que les mencioné. Cuando me di cuenta de la adición que tenía con las redes sociales y de mi teléfono, tomé la iniciativa de meterme en un ayuno de redes sociales. Parece loco lo que les estoy diciendo, pero no saben cuán difícil se me hizo los primeros días, aunque también fue hermoso durante los días siguientes.

El no tener que preocuparme por lo que otra gente decía en las redes, y poder ocupar ese tiempo escuchando más a Santy y a mis hijos, no tiene precio. Esos días de ayuno me ayudaron a encontrar un balance en mi vida y a poder entender que mis mayores y mejores bendiciones no están con mi teléfono en la mano, sino en la paz de Dios y en el abrazo y los besos de mi familia.

¿Recuerdan los días en que íbamos al cine o a la iglesia y no teníamos que preocuparnos de las distracciones de un celular sonando o de alguien enviando mensajes de texto? ¿Recuerdan cuando las reuniones no tenían que ser interrumpidas por una llamada telefónica? Y mejor aún, ¿recuerdan cuando cenábamos juntos y se dialogaba de problemas, de situaciones y de alegrías en la mesa como familia? Bueno amado lector, esos días ya pasaron. Pero nosotros podemos hacer que todavía nos sentemos juntos sin interrupciones a cenar como familia, y también podemos hacer que cuando vayamos al cine o la iglesia nos desconectemos y podamos estar 100% con la familia y con Dios.

Conectados 24/7

Tener que ajustarnos a algún tipo de tecnología no es algo nuevo en la sociedad. La electricidad, los automóviles, los teléfonos, la radio, la televisión, las computadoras y muchos otros inventos han traído cambios significativos en nuestra cultura y en la forma en la que interactuamos con nuestra pareja, con nuestros hijos, familiares y amigos. Pero el paso acelerado de cambios tecnológicos desde 1995 ha sido muy marcado. Hemos visto el avance de internet y la globalización de los teléfonos móviles. Para poder ingresar en internet, en los años 90, debías tener un computador estacionario en tu casa u oficina. El teléfono móvil era un aparato muy grande y costoso. Hoy día podemos ver la integración de ambas cosas en un solo aparato. Hoy por hoy podemos estar conectados al mundo entero las 24 horas del día los 7 días a la semana.

La tecnología está evolucionando tan rápido que la mayoría de nosotros no nos damos cuenta cómo nuestro comportamiento está cambiando y cómo nuestras relaciones se están afectando. Una de mis seguidoras de Facebook me escribió y me dijo: "Entiendo que la tecnología tiene sus grandes ventajas, pero nosotros estamos siendo dirigidos por ella en vez de nosotros dirigirla a ella y usarla como una herramienta de vida". Me pareció importante su apreciación.

Muchos otros seguidores de mis redes sociales y gente que me escucha en mis conferencias y predicas, me escriben sobre los problemas y situaciones que viven en sus matrimonios. Aquí les presento algunos de esos testimonios:

"Usualmente soy la esposa esperando que el esposo suelte el celular, el iPad o el computador mientras está en su Instagram, enviando mensajes de texto, Facebook o algún otro entretenimiento cibernético. Estoy cansada de tener que comunicarme con mi esposo a través de mensajes de texto ya que disfrutaría más de tener mis conversaciones con él cara a cara. Pero la verdad es que ya casi no tenemos mucho que decirnos el uno al otro".

"Mi pareja y yo hemos tenido problemas en la conversación en nuestro matrimonio por los últimos 25 años,

pero se ha empeorado en los últimos años con las redes sociales. Si la cena no está terminada cuando mi pareja llega a casa, entonces no se despega de su teléfono hasta que se le sirve la comida. Se levanta por las mañanas a ver quién se ha conectado a internet y lamentablemente no se preocupa de cómo me levanté yo. Tristemente creo que este problema lo está teniendo mucha gente".

"Soy una de esas personas que va a un restaurante con su pareja y aunque estoy acompañado me siento como si estuviera solo. Mi pareja siempre está en su teléfono, revisando sus correos o viendo vídeos en YouTube, mientras yo me siento a esperar y a pensar por qué no soy suficiente para mi pareja. Por qué mi pareja tiene que buscar el entretenimiento en otras personas y en la tecnología. Esto me deprime mucho y mi pareja no entiende por qué me siento así".

Remplazando la conversación con la conexión

Algunas personas migran hacia los mensajes de texto o Twitter, así como lo hicieron antes con los correos electrónicos. Es más fácil, más rápido, y más sencillo. De lo que no se ha dado cuenta es de cuánto se ha perdido por esos medios de comunicación. Se han perdido las emociones, los abrazos, las miradas, las expresiones faciales, los tonos de voz y mucho más. Es a veces peligroso reemplazar la conversación con la conexión.

Una señora me escribió una vez sobre sus problemas en su matrimonio y dijo: "Hoy mi esposo me envió un mensaje de texto después de haber discutido anoche, pero lo hizo por ese medio, habiendo podido hablar personalmente esa misma noche. Yo pensé que el tono de su mensaje era fuerte y agresivo y no le respondí. Más tarde me escribió preguntándome por qué no le respondía, y le dije que prefería hablar cara a cara porque con los mensajes podíamos mal entender lo que queríamos decir. Su respuesta fue: "Yo prefiero enviar mensajes de texto o de voz. Pocas emociones, y puedo ir directo al grano". Este es un dicho muy típico y más aún de un hombre. El problema es que las relaciones reales requieren de conversaciones reales y de emociones reales.

Cuando enviamos mensajes de texto, correos electrónicos o solamente utilizamos las redes sociales, perdemos un ingrediente vital en las relaciones: la conexión emocional. Sin el sonido de nuestra voz, el lenguaje corporal, el tacto, nosotros los seres humanos perdemos la intención de Dios al crearnos, que es relacionarnos para darnos amor los unos a los otros.

Reglas del hogar

No es que la tecnología sea mala, al contrario, nos ayuda a conectarnos con gente en formas muy positivas. El problema es que muchos no saben controlarse y parecen estar casados con sus celulares. He recibido opiniones de la gente que me escribe o de amigos sobre las líneas que han trazado e implementado en sus hogares para promover la comunicación cara a cara con su pareja. Aquí les dejo algunas de esas cosas aprendidas:

1. No aparatos electrónicos a la hora de cenar

Esto no es negociable en nuestra mesa. La hora de cenar es reservada para conversaciones cara a cara. Habrá mucho tiempo después de la cena para contestar esa llamada telefónica o mensaje de texto. A esta regla le llamamos TTT Tiempo de Terminar con el Teléfono y la Tecnología en la mesa.

2. No teléfonos en el restaurante

Santy y yo hemos hecho un trato para cuando salimos solitos. Yo usualmente estaba demasiado conectado al teléfono y a las redes sociales. Por eso cuando vamos a un restaurante no nos permitimos usar nuestros teléfonos, a menos que sea una llamada de nuestros hijos. Además, si hay algún partido en un restaurante que tiene televisor, debo darle la espalda a ese aparato para no distraerme y no dejar de prestarle atención a Santy. Así evito que ella se enoje y sienta que no le presto atención.

3. No enviar mensajes de texto o hablar de cosas personales e importantes atreves del teléfono

Esto debe hacerse de frente el uno al otro, a menos que sea algo que no puede esperar. Hay una diferencia muy grande entre una conversación hecha por mensajes de texto y una que se hace de cara a cara. Por mensajes de texto nunca podrás entender al 100% lo que esa persona quiso decir, a menos que escuches su tono de voz, veas su lenguaje corporal o sus expresiones faciales. Así evitarás los malos entendidos y los sentimientos heridos.

Ama a quien tienes a tu lado

Todos estos parámetros crean poderosos valores familiares. Cuando estás casado, esa relación debe ser tu prioridad. Reentrenarse puede ser algo que tomará tiempo y puede ser algo muy doloroso al comienzo, si usted, su pareja o sus hijos se han convertido en adictos a sus aparatos electrónicos.

Mantener estos aparatos en su lugar, y darles su tiempo, abre puertas a una intimidad más profunda y a una mejor comunicación con tu pareja y tu familia.

Algo que debes entender es que todo aquello que se convierta en una necesidad tiene la capacidad de convertirse en un ídolo en tu vida. En otras palabras, usted puede estar tan dependiente a su teléfono inteligente, que básicamente eso se puede convertir en la cosa más importante en su vida.

Las noticias hablan de personas que han preferido perder la vida antes que entregarle su celular a un ladrón en un atraco. Otros han perdido la vida por no poner atención a la carretera mientras manejan y estar pendientes a sus mensajes de texto. Si estamos dispuestos a tomar estos riesgos, seguramente somos adictos a estos aparatos y debemos 'desintoxicarnos' e ir delante de Dios para pedirle que nos dé la estrategia de cómo ser libres. Mucho cuidado, porque esto nos está consumiendo y llevando a grandes problemas matrimoniales.

Reflexiones sobre la lectura

Capítulo 8
Soñar y construir juntos

Si en un matrimonio ambos no ponen sus sueños en una misma dirección, si no planean y visualizan una vida de éxito, de santidad, de servicio, saludable y próspera juntos, en la que todos los logros sean conseguidos trabajando en equipo, es posible que no lleguen a ninguna parte y la relación acabe. Por esta razón es importante que trabajemos juntos en los sueños de nuestro matrimonio.

La gran diferencia entre un matrimonio que fracasa y uno que tiene éxito es el compromiso de luchar juntos, eso hace que pueda resistir. El compromiso significa esa responsabilidad que se tiene de salir adelante con la familia tanto en las buenas como en las malas. No son sólo palabras bonitas, esto se tiene que demostrar con hechos completos y específicos.

Cuando hay compromiso las metas de la familia son más importantes que las metas personales. Ejemplo: si llego a mi casa y le digo a mi pareja que no me moleste, porque estoy cansado de trabajar todo el día para lograr mi éxito, creo que le estoy dando a entender que más valen mis cosas que mi matrimonio. Debo sacrificarme y, aún cansado, debo ayudarle, compartir, amarle, proveerle para sus necesidades; no pensar solamente en lo mío, sino en el bien de toda la familia, porque tengo un compromiso de esposo.

Que todos los miembros de mi familia tengan éxito es más valioso que mi éxito personal.

Lamentablemente hay parejas que no construyen ni sueñan las mismas cosas y muchas veces esos matrimonios fracasan. Eso fue lo que les ocurrió a Samanta y a Darío, una joven pareja que un buen amigo mío conoció y cuya historia nos quiso compartir.

Dos meses antes de decirle a su esposo que quería tener un hijo, Samanta le pidió que se sentaran a hablar.

–Tengo que decirte algo– le dijo mirándolo fijamente. Quiero que tengamos un hijo, pero necesito que revisemos el tema de nuestros bienes.

Darío, un joven y entusiasta emprendedor que trabaja en el sector del turismo, miró con dudas a su esposa.

–¿Qué quieres exactamente?– le respondió.

–Que dejemos claro lo que es tuyo y lo qué es mío, ahora que vamos a tener un hijo– respondió.

La respuesta dejó perplejo a Darío, quien se había casado con Samanta muy enamorado, y con quien durante sus primeros seis meses de matrimonio no había tenido ningún tipo de discusión por dinero.

Pero luego todo cambió. Un año después ella comenzó a decirle que cada uno debía manejar su dinero y sus bienes a su manera y que simplemente deberían ponerse de acuerdo para los gastos de la casa.

Sin embargo, lo que más incomodó a este hombre fue que justo cuando ambos querían ponerse de acuerdo para algo tan importante como ser padres, ella resultó mostrando celos con el dinero. Era algo que él no entendía, ya que al igual que ella, Darío ganaba muy buen dinero, tenía dos coches, una casa y un apartamento.

Esta situación llevó a que él le pidiera explicaciones a su esposa del porqué de esa actitud, a lo que ella de nuevo respondió que era mejor dejar claro lo que era de él y lo que era de ella. Él tenía planes para que entre ambos compraran una hermosa casa en la que pudieran vivir con los tres hijos que pensaban tener y, además, soñaba con crear una empresa inmobiliaria en Miami, de propiedad de ambos.

Darío hizo esfuerzos infructuosos para hacerla caer en cuenta de que lo mejor era que unieran esfuerzos, pidió consejería en su iglesia, le dijo que oraran, pero finalmente no hubo manera de que Samanta entendiera que las cosas en el matrimonio se construyen entre los dos. Como consecuencia, la relación fracaso y se acabó.

Esta historia es muy triste, ya que ellos no lograron superar el problema y lo que aparentemente era un gran amor se acabó por culpa del individualismo y del egoísmo de uno de los dos. Y esto es terrible, pues cuando un matrimonio cristiano decide divorciarse, están invalidando el pacto de Dios para el matrimonio, el poder de Dios para restauración y, además, están proclamando con acciones que Dios es "insuficiente" para ayudarles a resolver su problema matrimonial.

Dios nos dice en su palabra que nos une para que soñemos juntos y saquemos adelante nuestros proyectos mutuamente y no para que jalemos cada uno para nuestro lado buscando divisiones y separaciones.

Mejores son dos que uno; porque tienen mejor paga de su trabajo. Porque si cayeren, el uno levantará a su compañero; pero ¡ay del solo! que cuando cayere, no habrá segundo que lo levante.

ECLESIASTÉS 4:9–10

El tema económico es uno de los que más afecta a los matrimonios hoy día y representa, en muchos casos, un enorme impedimento para crecer y sacar adelante proyectos de familia. Con recelo, muchos guardan y esconden el dinero para que su pareja no se dé cuenta cuánto gana. Así, hay esposas que no saben qué tanto recibió su marido y existen esposos que no tienen ni idea de cuánto dinero recibe su esposa. En medio de esto hay mucho de malo, pues se están escondiendo cosas y en la mayoría de casos hasta se miente.

Pero como en el caso de Samanta y Darío, hay otra cosa más grave: la desconfianza. Sé que es un tema delicado y mucho más cuando hay sumas muy altas de dinero o propiedades de por medio, pero Dios nos dice que debemos unir fuerzas y no dividirnos. El testimonio que sigue es una muestra de cómo Dios renueva la mente de los esposos que deciden ponerlo en medio de sus relaciones para que sea Él quien guíe las decisiones del hogar y para que desaparezcan desconfianzas y rivalidades.

En Cali, Colombia, conocí a Ximena y a Jorge, él administrador de empresas y ella contadora pública. Cuando se casaron no conocían de Dios y por eso los problemas no tardaron en aparecer. Él tenía un departamento y ella un carro, él ganaba buen salario y ella no tanto. Llegaron al extremo de decir que no vivirían en el apartamento de él hasta que no compraran, con el dinero de los dos, uno nuevo. A Jorge se le escuchaba decir con frecuencia: "Que ella compre sus cosas, que para eso trabaja, yo me encargo únicamente de los gastos de la casa".

Sin embargo, tres años después de haberse casado y estando a punto del divorcio, el Señor Jesucristo entró a sus vidas y todo cambió. Las rivalidades, la desconfianza y la inseguridad se fueron. Ahora han entendido que su relación estrecha y personal con Dios es lo que les da el impulso para tomar buenas decisiones y crecer, no solo en lo económico, sino también en lo que respecta a su corazón. Dios entra y restaura todo en nuestras vidas.

La verdad me parece triste que los matrimonios no caminen juntos, que no construyan. Y lo peor, las consecuencias que esto acarrea:

1. Esto impide que haya confianza
2. Trae atraso en la economía familiar
3. No permite que haya unidad

4. Obstaculiza el crecimiento como familia
5. Conlleva a discusiones y hasta al divorcio

Necesitamos mirarnos continuamente el uno al otro para ver qué estamos haciendo mal como matrimonio. Si lo económico está mal, es por falta de unir nuestros esfuerzos y trabajar para el bien de nuestra familia. Pero también si nuestros hijos se enferman, si los negocios no van bien, si tenemos discusiones con nuestros vecinos, si somos visitados por la depresión, seguro es porque no estamos haciendo lo que debe ser primordial en una relación: orar juntos, clamar juntos, ayunar juntos.

Cuidado con las apariencias

Pues, ¿busco ahora el favor de los hombres, o el de Dios? ¿O trato de agradar a los hombres? Pues si todavía agradara a los hombres, no sería siervo de Cristo.

GÁLATAS 1:10

Los matrimonios que viven de apariencias, con máscaras, son aquellos que delante de la congregación y de la sociedad aparentan que todo está bien. Siempre juntos, sonriendo. Aparentemente no tienen un solo problema. Todo se ve bien por fuera, pero a puerta cerrada, son pleitos, contiendas, divisiones, celos, falta de amor y desacuerdos.

Nada peor que vivir de las apariencias, porque en realidad todo esto retrasa el crecimiento en el matrimonio. Los buenos resultados no se verán reflejados en ninguna de las áreas de sus vidas y lo que tendrán serán fracasos.

El matrimonio que quiera acabar con los fingimientos, debe estar siempre dispuesto al cambio. A ser sinceros delante de Dios. Siempre dispuesto a luchar para sacar adelante sus sueños. El matrimonio siempre está en constante lucha contra todo aquello que quiera destruir a su familia. Llámese satanás, llámese religiosidad, mundo, envidia, desconfianza, ambición. Los esposos que oran juntos, que se ponen de acuerdo antes de tomar decisiones, que buscan en la Palabra de Dios la respuesta, que no dan un paso si no están de acuerdo o si Dios no les ha confirmado, tiene muchas más probabilidades de ser felices y tener un matrimonio exitoso, que una pareja que no lee su Biblia, que no ora, que no se ponen de acuerdo y viven una vida independiente, cada uno por su lado, de acuerdo a sus propios criterios.

Vale más lo espiritual y emocional que lo material

La idea en la actualidad es que un matrimonio exitoso es aquel que se rige por el éxito económico. Un esposo que tiene una profesión y un trabajo que le produce bastante dinero y una esposa ejecutiva que trabaja todo el día en competencia con su marido. Esto incluso se ve en muchos matrimonios cristianos.

El éxito se mide de acuerdo a lo que tienen –material y económico– y a lo que se ve –casa, carro, ropa, viajes– pero, ¿qué hay de su relación con Dios? ¿Cómo está la comunicación entre ambos? ¿Cómo están sus corazones? Lastimosamente para muchas parejas que han caído en esa trampa de la ilusión del mundo, el hecho de dedicar su juventud a amasar riquezas produce un desapego a Dios y un espíritu independiente de Dios y su voluntad para sus vidas.

Vanidad y palabra mentirosa aparta de mí; No me des pobreza ni riquezas; Mantenme del pan necesario; No sea que me sacie, y te niegue, y diga: ¿Quién es Jehová? O que, siendo pobre, hurte, Y blasfeme el nombre de mi Dios.

PROVERBIOS 30:8-9

Hay matrimonios que ponen todo su empeño en riquezas y vanidades. Las apariencias, las cosas vanas, lo que no edifica, lo que no es trascendente. Lo que apacigua el ego, pero no perdura. No estoy diciendo que deben ser pobres, lo que quiero decir es que hay que poner todo en manos de Dios y trabajar unidos como familia para lograr esos sueños, ya que los sueños se realizan cuando vamos juntos de la mano de Dios.

Cuando invertimos nuestras vidas en servir a Dios como matrimonio, como familia cristiana, siendo luz en la sociedad, en el trabajo, estamos siendo matrimonios y familias cristianas de impacto. Orar por tus vecinos, por los amigos inconversos de tus hijos, por tus amigos, por los matrimonios que conoces, servir a Dios en lo que él disponga, ser dependiente de Dios al grado de saber que las riquezas son solo añadiduras, es lo que realmente nos lleva al cumplimiento de nuestros sueños y metas como esposos.

Con Santy tenemos muy claro que nuestras metas como pareja están sujetas a la voluntad de Dios, y que en la medida en que hagamos su voluntad, cada cosa irá cumpliéndose conforme al propósito que Él ha trazado para nuestras vidas. Si más adelante hacemos el viaje soñado, es porque Dios lo quiso. Si seguimos trabajando e impactado poderosamente a miles de matrimonios alrededor del mundo, es porque el Señor así lo quiere. Para nosotros es claro que si trabajamos en equipo en cada cosa que hagamos sencillamente la recompensa llegará.

Un matrimonio fundado en la roca es el que ha vivido las pruebas y las ha superado. Es el que reconoce que somos vulnerables, que podemos caer, que podemos perderlo todo en un instante y, aun así, Dios nos levantara otra vez. Debemos luchar juntos ante todo lo que se nos atraviesa cada día: las enfermedades, las deudas, la indiferencia, los ataques, porque si lo hacemos juntos el resultado será el respaldo de Dios para vencer toda adversidad.

Reflexiones sobre la lectura

Capítulo 9

El poder del perdón

E ste capítulo me apasiona y me identifica en gran manera. ¿Cuantas veces usted ha visto matrimonios que ponen sus peleas y sus heridas debajo de la alfombra y continúan sus vidas como si nada hubiera pasado?

La verdad es que se requiere de bastante coraje para decirle a nuestra pareja, cuando nos ha herido, que la vamos a perdonar. Pero es la única manera que existe para darle una oportunidad de expresar, de renovar su amor, para superar el malentendido o el incidente que se tuvo. Debe ser fácil para aquella persona que ama poder hacer este ejercicio de amor y honestidad. Sin embargo, muchas veces es muy difícil para algunos encontrar ese coraje de pedir perdón y perdonar.

Es muy común en los seres humanos permitir que el dolor permanezca en ellos y ese dolor les hace cometer actos reprochables hacia las personas que los afectaron. Ese dolor puede llevar al odio y a la amargura y allí se transita por un terreno muy complejo y peligroso. En otros casos, se ven parejas que han estado heridas y en algún momento cualquiera de los dos decide acabar con el amor para siempre.

¿Alguna vez se ha preguntado por qué perdonar es tan difícil? ¿Qué hace posible el poder perdonar? En algún lugar leí una historia sobre una pareja que llevaba treinta años de matrimonio. La recuerdo mucho: El día de su boda, cuando el novio se volteó a mirar a la novia, que acababa de entrar por las puertas de la iglesia, vio que su futura esposa había hecho algunas muecas y tenía un rostro como de enojo.

El novio pensó que la mueca y la cara de enojo eran porque la mujer no quería casarse con él, y que en aquel momento se estaba arrepintiendo de lo que estaba haciendo. Esto ocasionó que el hombre no disfrutara el día su boda y guardó este dolor por treinta años. Cuando decidió decirle a ella cuánto le había dolido lo que él había visto, ella pudo clarificarle que antes de entrar a la iglesia había tenido un pequeño problema con un familiar y que las muecas y el enojo no tenían nada que ver con él.

Así como esta pareja hay muchas personas guardando rencores y odios por simples malentendidos, que con solo dialogar se pueden resolver.

Ser pasivo y vulnerable con la persona a la que amamos es a veces un riesgo. En ocasiones pensamos que si hablamos y expresamos nuestros sentimientos podríamos perder la aprobación o el amor de esa persona. También pueden preguntarse: Pero, ¿qué pasa si soy honesto conmigo mismo y hago que se rompa la comodidad en la cual vivimos? ¿En verdad crees que es comodidad lo que estás viviendo? ¿O quizás es una zona de confort que está limitando tu coraje y el de tu pareja para poder producir un mayor gozo en el amor y cumplimiento de esa relación? Miremos esto de otra manera. ¿Cómo puede una persona comportarse diferente si ha mantenido sus dolores del pasado en la oscuridad y no le ha dado la oportunidad a su pareja de saber quién es y qué siente? Tal vez le estás quitando la posibilidad a tu pareja para que te ayude a sanar esas heridas que tanto daño te hacen. La pregunta que te hago es ¿cómo puedes amar completamente a otra persona cuando estás aguantando las toxinas del dolor y la tristeza en tu corazón?

Ser vulnerable tiene dos significados, primero: haber sido herido, pero también significa ser bendecido porque al ser vulnerable te abres a la posibilidad de sanar tus heridas y amar a tu pareja de la mejor manera.

Estos ejercicios que siguen a continuación le traerán grandes experiencias de amor con su pareja y también una mejor vida sexual.

1. Crea y saca tiempo de pareja

El propósito de este tiempo es limpiar el aire para que así el amor entre ambos pueda fluir de una manera más hermosa. Para honrar el amor que se profesan el uno al otro. Asegúrate que nada ni nadie les interrumpa en este tiempo. Asegúrense que tengan el suficiente tiempo para poder cumplir este paso.

Este tiempo es para sanar y amar no para señalar ni culpar.

2. Conéctate con tu amor

Traiga a la memoria el gran amor que se ha vivido. Recuerde el día de su boda o quizás traiga esas fotos a la reunión. Recuerde qué fue lo que le hizo enamorarse de su pareja.

3. Exprese su dolor

En un contexto amoroso traiga a memoria el dolor que usted ha causado o el que su pareja le causó. Recuerde que cada uno está tratando de hacer lo que más pueda con la información que se tiene. Quizás su pareja no sabía de su dolor, por lo tanto, aprendan y busquen la solución.

Dese cada uno la oportunidad de expresar cuánto sabía del dolor del otro. Escoja uno o dos cada vez que se haga este ejercicio. (No traiga todos sus dolores en una sola reunión).

4. Sé un perdonador

Complete lo siguiente:
Perdóname por haber
Te perdono por
Me perdono por haber

Este ejercicio puede ser parecido a este (aunque puede ser diferente):
Perdóname por haberte criticado.
Te perdono por haberme gritado anoche.
Me perdono por haberte agredido verbalmente.

5. Exprese y reconozca

Háblele directamente a su ser amado. Reconozca la forma en que ellos le aman por el amor compartido. Déjele saber a su pareja la calidad, fuerza y atributos que más te gustan de ella.

Cuando usted perdona de corazón, hace que quien ofendió sienta una paz interna que va más allá de palabras y esto sirve para fortalecer la conexión que ambos comparten. Esa paz que ambos tendrán será el fertilizante que hará crecer el amor, la intimidad y la confianza tanto en el ofensor como en el ofendido. Dejemos a un lado la sombra de la ofensa y permitamos que la luz brille en sus corazones. Así usted estará feliz de ver resplandecer un nuevo día.

La falta de perdón en el matrimonio ha llevado a muchos al divorcio y a la separación. Para que una relación perdure por siempre, la pareja debe aprender el arte del perdón. Perdonar o pedir perdón tal vez no sea la cosa más fácil de hacer, pero en realidad es sabio y prudente. Perdonar es uno de los pilares para que un matrimonio sea exitoso.

Razones para perdonar en el matrimonio

1. Amor

Si en verdad amas a tu cónyuge vas a perdonar sus errores. Es sumamente difícil perdonar cuando no se tiene amor. Entiendo que hay situaciones muy dolorosas y difíciles pero el amor cubre multitud de faltas. "Y, ante todo, tened entre vosotros ferviente amor; porque el amor cubrirá multitud de pecados", 1 Pedro 4:8.

2. Reciprocidad

Usted también puede cometer algún error y seguro desearía que le perdonen. Muchas veces no hemos entendido el padre nuestro cuando dice: "Perdona mis ofensas como perdonamos a los que nos ofenden". Aquí es donde hemos cometido el error al querer que nos perdonen, pero no podemos perdonar. Tal vez dices, ¡pero yo nunca cometería ese error que mi pareja cometió! La pregunta es: si es usted quien comete el error, ¿desearía que le perdonaran? Para que seas feliz debes aplicar la ley de reciprocidad del perdón.

3. Un regalo para usted

En realidad, no importa si la persona que le ofendió merece o no ser perdonada. Usted tiene cosas qué cumplir en la vida y no debe cargar con este sentimiento, pues está atrasando su destino. Para disfrutar su bendición matrimonial es mejor soltar y perdonar.

4. Evitar las consecuencias de la falta de perdón

La falta de perdón es una fuerza que tiene el poder de influenciar, afectar o controlarte a ti y tu futuro negativamente. Esta fuerza es tan mortal que puede arruinar matrimonios, relaciones, profesiones, negocios. Ha llevado a otros a una cama de hospital y a otros a la tumba antes del tiempo. Esta fuerza mortal te quita las fuerzas para vivir y atrasa todos tus planes de vida. Querido amigo, no te estreses por cosas que no valen la pena y atrévete a perdonar. Haz como hizo el rey Salomón: Cantar de los Cantares 2:15 "Cazadnos las zorras, las zorras pequeñas, que echan a perder la viña".

6. Modelar a tu familia

El hombre sabio, enseña el libro de Proverbios 22:6, "Instruye al niño en su camino y aun cuando fuere viejo no se apartará de él". Es muy sabio aplicar el perdón en tu matrimonio por amor a tus hijos. Ellos crecerán haciendo exactamente lo que ven hacer a sus padres. El perdón en el matrimonio es una semilla que plantas en la vida de tus hijos. El futuro de ellos vale, es un esfuerzo para que inviertas en asegurar un matrimonio feliz.

7. Matrimonio duradero

Las parejas no se casan con la intención de salir corriendo de su matrimonio. Es la reacción que se tiene a las ofensas lo que lleva a la destrucción en la pareja. Entender y poner en práctica el poder del perdón va a fortalecer cualquier matrimonio y lo va a alejar de pensamientos de divorcio.

Un hogar de casados duradero demanda que ambas partes pongan en práctica el poder del perdón. Quizás el mero pensamiento de perdonar a tu pareja te haga sentir que es una idea incómoda. Pero cuando aprendemos a perdonar, y actuamos en ese perdón, vamos a obtener resultados que ayudarán para siempre. Muchos matrimonios han sido salvos del divorcio o de la separación cuando simplemente una o ambas partes aplican el perdón. Tu matrimonio puede ser el próximo.

En conclusión, cuando nos perdonarnos los unos a los otros desde lo más profundo del corazón, estamos ayudando a restaurar la paz y la felicidad en toda la familia. Estoy seguro que es lo que más desean. Deben saber que el perdón es un regalo que usted mismo se obsequia. Cuando usted perdona a otra persona sin importar la ofensa se hace un gran favor. Deje ir la amargura, las peleas y los deseos de venganza que tanto daño le hacen.

Me parece maravilloso rematar hablándoles del perdón, pues sé que, si se perdonan de todo aquello que les ha causado daño en la relación, lo que sigue es un camino de restauración increíble. Hace unos años un joven que conocí en una iglesia me contó que su esposa lo había dejado porque él era muy de mal humor y no llevaban una buena intimidad. El hombre decidió ir a buscar refugio en Dios y ayuda de su pastor, pero ella, en un año y medio, cometió una serie de errores que ahondaron más la crisis entre ambos.

Tras ese tiempo, y viendo el cambio que su esposo había experimentado con el Señor, ella quiso regresar, pero el joven se sentía ofendido y la rechazó. Allí entró el poder del perdón. El pastor de la iglesia lo exhortó a que la perdonara, y a ella la invitó a que se arrepintiera de corazón. Hoy son una pareja consolidada, que gracias al amor de Dios y al perdón, pudieron seguir juntos. Él cambió, ella también y ambos se perdonaron.

Este libro, en el que abordamos desde los albores del enamoramiento, pasando por la consolidación del amor, los problemas en diferentes áreas, hasta el perdón, busca que ustedes, amados esposos en Cristo, lleven matrimonios estables, bendecidos y para siempre. No en vano la Palabra dice que lo que Dios unió no puede ser destruido por el hombre.

Nos espera un largo camino para hacer realidad todo esto, pero con mi esposa estamos seguros que nuestro testimonio será de gran inspiración para cientos de parejas. Las pruebas, las dificultades existen, los problemas abundan, pero con Dios en el centro de nuestros hogares, con disciplina y buena disposición, estoy seguro que lograremos tener matrimonios unidos por siempre.

Reflexiones sobre la lectura

Este libro se termino de imprimir
en los talleres gráficos de
Xxxxxxx Xxxxxxxx
en enero de 2017

Made in the USA
Middletown, DE
20 October 2024